Ein Handbuch der italienischen Literatur

Francis Henry Cliffe

Writat

Diese Ausgabe erschien im Jahr 2023

ISBN: 9789359254166

Herausgegeben von
Writat
E-Mail: info@writat.com

Inhalt

KAPITEL I.

EINFÜHRUNG.

Wer eine Karte Europas untersucht und die Stellung Italiens sieht, muss auch ohne Kenntnis der Geschichte zu dem Schluss kommen, dass ein Land, das in einer so zentralen Lage liegt und in so vieler Hinsicht von der Natur begünstigt ist , es nicht versäumt haben kann, zu befehlen ein hoher Rang in der Hierarchie der Nationen. Doch selbst die kühnsten Mutmaßungen würden wohl hinter der strahlenden Realität zurückbleiben. Der Aufstieg und die Herrschaft Roms würden in einem Liebesroman als zu unwahrscheinlich für die Leichtgläubigkeit des einfachsten Lesers angesehen werden, aber als fest etablierte Tatsache in den Annalen der Menschheit wird es zu einem Phänomen von höchster Bedeutung und Interesse. Dass eine einsame Stadt mutige und angesehene Männer hervorbringt und mit Hilfe von Reichtum und Mut sogar Siedlungen in abgelegenen Ländern errichtet, ist nicht wunderbar; Karthago und Tyrus taten dies zu einer früheren Zeit, Venedig und Genua taten dies in Zeiten näher an der Gegenwart; aber dass eine einsame Stadt eine scheinbar nur einer großen Nation vorbehaltene Rolle spielen sollte, sollte wie in einem magischen Kreis ganz Italien an sich ziehen, Gallien, Griechenland, Afrika, Spanien, Britannien, Kleinasien erobern und sogar Persien bedrohen und Indien ist in der Tat wunderbar . Die Eroberungen Roms waren auch keine vorübergehenden Flächenbrände, deren Wut bald erschöpft war; Sie waren ebenso langlebig wie brillant, und die unterworfenen Rassen lernten schnell die Sprache und die Manieren ihrer Herren. Nur eine Nation blieb, obwohl politisch versklavt, geistig frei. Griechenland hatte so erhabene Dichter, so tiefgründige Philosophen, so brillante Historiker hervorgebracht, dass selbst in der dunkelsten Stunde der Erniedrigung, selbst als Memmius Korinth der Werke der größten Bildhauer beraubte, selbst als Sulla die hilflosen Bewohner Athens abschlachtete, Sie hatte die Befriedigung zu sehen, wie die führenden Köpfe Roms als bescheidene Schüler zu den Quellen der Kunst und Weisheit kamen, die ihren Ursprung nur auf ihrem Boden hatten.

In der Tat ist es kaum weit hergeholt zu sagen, dass Griechenland für seine Sklaverei durch die nicht minder vollständige Sklaverei Roms unter seine intellektuelle Vormachtstellung gerächt wurde. Die römischen Dichter, geblendet von der Brillanz ihrer athenischen Vorbilder, glaubten, dass sie nur durch Nachahmung herausragende Leistungen erbringen könnten. Eine unglücklichere Idee hat nie von einer Nation Besitz ergriffen. Es zerstörte alles in ihren Schriften, was spontan war und an ihre Heimat erinnerte. Was in ihren Werken wirklich mit Leben und Eigenwert ausgestattet ist, musste sich durch die erdrückende Atmosphäre fremder Moden und fremder Gedankengänge durchkämpfen. Dieses Übel war auch in anderen Zweigen der Literatur offensichtlich, aber es schadete ihnen bei weitem nicht so sehr wie der Poesie. Virgil war sicherlich einer der größten Dichter aller Zeiten, und doch ist wie viel von seiner Poesie aus zweiter Hand oder bestenfalls von anderen adaptiert. Die Adaptionen werden oft mit erstaunlicher Geschicklichkeit ausgeführt , aber diese Tatsache verstärkt nur unser Bedauern darüber, dass er aus seiner *Æneis* nur ein Echo von Homer gemacht haben soll ; und seiner *Eklogen* , aber eine Wiederholung von Theokrit. Tatsächlich war sein *Georgia* nicht nur ein Sud aus griechischen Kräutern, denn in ihnen schrieb er auf, was er tatsächlich gesehen und erlebt hatte, und sie sind in Wahrheit sein Meisterwerk. In der Tat, wenn wir die außergewöhnliche Schönheit des Stils, die über jedes Lob erhaben ist, außer Acht lassen , *gibt es in den Eklogen* außer einigen Bildern ländlicher Schönheit und einigen Ausbrüchen erlesener Zärtlichkeit etwas Wertvolles? Oder in der *Æneis* , mit Ausnahme der Passagen, in denen er die Größe Italiens und Roms lobt, seine Philosophie ausführlich darlegt und mit Zärtlichkeit und Feuer, wie kein anderer Dichter der Antike es beherrschen konnte, die Leidenschaft der Liebe darstellt? Besser, viel besser wäre es für ihn gewesen, wenn er nie von Homer gehört und Theokrit nie studiert hätte. Dieser große Dichter wäre dann gezwungen gewesen, sich auf seine eigenen Ressourcen zu verlassen und hätte Werke geschaffen, die zwar anders, aber weitaus eindrucksvoller und tiefgründiger wären als die, die wir heute besitzen.

Der kraftvolle Geist von Lucretius litt kaum unter der Abhängigkeit von griechischen Vorbildern. Aber das lag zum Teil an der Natur seines Themas. Ein Philosoph wird durch die Spekulationen seiner Vorgänger unterstützt, sein Geist wird bereichert; und die Tatsache, dass er in Versen schrieb, ist nur ein Zufall, der die Wahrheit dieser Bemerkung in keiner Weise beeinträchtigt. Seine geistige Stärke und seine unvergleichliche Fähigkeit zur Beschreibung machen sein Gedicht zu einem der schönsten Denkmäler der lateinischen Sprache. Catullus hatte so viel Süße und Zärtlichkeit, einen Gedankengang, der so feurig und so natürlich zugleich war, dass selbst das Studium der mühsamsten Darbietungen alexandrinischer Pedanten ihm seine Spontaneität und Frische nicht nehmen konnte. Bei Horaz liegt der Fall etwas anders. Er hatte eine tiefe Kenntnis der Dichter Griechenlands, und dieser Studiengang ist in jeder Zeile, die er schrieb, sichtbar. Aber er hatte die Weisheit, nur die erhabensten Passagen der edelsten Schriftsteller als Vorbilder auszuwählen , und er passte das, was er von ihnen entlehnte, mit so exquisiter Kunst an seine römische Umgebung an, dass wir uns durchaus fragen können, ob er nicht positiv davon profitierte, Pindar zu haben, Alcäus und Sappho ständig vor ihm. Dennoch ist das Ergebnis in hohem Maße künstlich, und die Emotionen, die große Dichter wirklich empfinden, simuliert er allzu oft nur.

Wenn wir viele zarte Passagen von Tibullus, viele malerische Passagen von Ovid und viele kraftvolle Passagen von Lucan außer Acht lassen, präsentiert uns die römische Poesie jahrhundertelang nichts als schwache Echos griechischer Vorbilder, und diese Vorbilder sind allzu oft die pedantischen und leblosen Erzeugnisse Alexandrias. Man kann sagen, dass es nie ein echtes römisches Drama gegeben hat. Plautus und Terence sind nur blasse Abbilder der attischen Komödien; Die Seneca zugeschriebenen Tragödien , die einzigen Beispiele der römischen Tragödie, die uns überliefert sind, sind nur plumpe Nachahmungen oder vielmehr Travestien von Sophokles und Euripides. In der untergehenden Epoche der römischen Literatur war Claudian der einzige Dichter, der echte Originalität und Frische des Denkens an den Tag legte, und seltsamerweise war er gebürtiger Alexandriner, für den die lateinische Sprache nicht selbstverständlich, sondern erlernt war.

Ich kenne kein anderes Beispiel einer großen Nation, die siegreich und beherrschend über die gesamte zivilisierte Welt war und demütig als Jünger zu Füßen eines ihrer Gefangenen saß, und das nicht nur für kurze Zeit, sondern für den gesamten Verlauf ihres Lebens intellektuelle Entwicklung. Spanien entlehnte im 16. Jahrhundert viele seiner literarischen Moden aus Italien; England orientierte sich im 17. Jahrhundert in seinen Produktionen in vielerlei Hinsicht an Frankreich, ebenso wie Deutschland etwas später; aber das waren nur vorübergehende Moden, keine tief verwurzelten Bräuche, und hatten keine sehr dauerhafte Wirkung. Rom war allein und ist es seitdem in seiner Achtung vor einem ausländischen Vorbild, und es kann auch nicht mildernd gesagt werden, dass es nur die Wahl hatte, Poesie nach diesem Vorbild oder überhaupt keine Poesie zu haben. Sie verfügte über reichlich einheimisches Material, und Niebuhr hat treffend gesagt, dass die wahre Poesie Roms eher in seiner Geschichte und seinen frühen Legenden als in den fertigen Produktionen seiner literarischen Dichter zu finden sei.

Dies ist umso bemerkenswerter, als ihre Größe so groß war, dass sie selbst den am wenigsten empfänglichen Geist inspirieren konnte. Es machte sich von den Küsten der Ostsee bis zum Persischen Golf bemerkbar und wird durch Ruinen bezeugt, die bedeutender sind als die unversehrten Bauwerke schwächerer Rassen. Seine inhärente Stärke war so groß, dass es den blutigsten Bürgerkriegen und dem vernichtendsten Despotismus standhielt; Es ist auch nicht leicht zu erraten, was es hätte untergraben können, wenn nicht die Einwanderung barbarischer Stämme aus den geheimnisvollen und unerforschten Regionen des Nordens diesem stattlichen System, dem Werk so vieler Krieger und Gesetzgeber, einen Schock nach dem anderen versetzt hätte. Man kann mit Fug und Recht sagen, dass die Mauern Roms durch den Klang der gotischen Trompete einstürzten.

Als Konstantin den Sitz des Imperiums nach Konstantinopel verlegte, brach er den Bann, der die Nationen so viele Jahrhunderte lang gefangen gehalten hatte. Die Teilung des Reiches in Ost und West vollendete den Beginn der Umsiedlung. Rom hatte nicht nur die Rivalität Konstantinopels zu fürchten. Mailand und dann Ravenna wurden zum Schauplatz kaiserlicher Pracht ind das Zentrum der imperialen Politik. Rom wäre in der Tat verlassen gewesen, wenn es nicht seinen Bischof gegeben hätte, der nach und nach für sich und seine Nachfolger eine Herrschaft errichtete, die nicht weniger glänzend und dauerhafter war als die der Cäsaren .

Als schließlich die alte Ordnung der Dinge so vollständig zusammengebrochen war, dass der Phantomkaiser seinen Phantomtitel nicht mehr behalten durfte, muss allen denkenden Menschen klar gewesen sein, dass in Italien so weitreichende Veränderungen stattgefunden hatten, dass sie es fast zu einem anderen machten Welt. Die Eindringlinge hatten sich weitgehend mit der eroberten Nation vermischt, es kam häufig zu Mischehen; und um den Barbaren gerecht zu werden, muss man zugeben, dass sie sich schnell die Sitten und sogar die Gedanken der Zivilisation angeeignet haben . Wenn wir den Hof des Theoderich mit dem von Honorius oder sogar mit dem von Valentinian III. vergleichen, wird die Überlegenheit des gotischen Herrschers in staatsmännischer Hinsicht und sogar in oberflächlichen Fähigkeiten deutlich. Doch Kriege und Invasionen verwüsteten das unglückliche Land. Belisar besiegte die Goten und eroberte Sizilien und Süditalien für die Kaiser des Ostens zurück. Obwohl die byzantinische Herrschaft nicht von langer Dauer war, können Neugierige in diesen Regionen immer noch Spuren ihrer Existenz finden. Es darf nicht vergessen werden, dass die Goten neues Blut in das Land brachten und dass jede neue Invasion den nationalen Charakter der Halbinsel veränderte, wenn nicht sogar veränderte.

Aber während Italien lange Zeit unter den Invasionen der Langobarden, Sarazenen und Normannen litt, darf nicht vergessen werden, dass sein Reichtum stetig zunahm, bis es im 13. Jahrhundert zum größten Geldmarkt der Welt wurde und behielt diese Position bis kurz nach der Entdeckung Amerikas. Reichtum erzeugte seine übliche Wirkung, indem er den Menschen reichlich Muße verschaffte, und Muße schuf die Nachfrage nach intellektuellen und künstlerischen Befriedigungen. Sizilien war der Lieblingsaufenthaltsort von Kaiser Friedrich II., und an seinem brillanten Hof wurden Dichter gefördert und Minnesänger belohnt. Die Troubadoure der Provence brachten Italien in edlen Versen den ritterlichen Geist der Galanterie und Liebe dar, der dem Zeitgeschmack so gut entsprach. Was die Italiener so sehr bewunderten, wollten sie natürlich nachahmen. Aber dazu brauchten sie eine Sprache, die in der Lage war, Gedanken präzise auszudrücken und sie mit Glanz zu schmücken . Es ist keine Übertreibung zu sagen, dass aus dem Verfall der lateinischen Sprache nicht eine Sprache, sondern viele Dialekte entstanden sind. Diese Dialekte wurden durch die Teilung der Halbinsel in viele Fürstentümer, Gemeinden, Republiken und Königreiche gefördert. Es oblag daher den Italienern, aus den vorhandenen Materialien eine literarische Sprache zusammenzustellen. Durch einen glücklichen Zufall kamen die begabtesten Schriftsteller aus der Toskana, wo der vielversprechendste dieser Dialekte gesprochen wurde. So kam es, dass die toskanische Sprache zum Standard für literarische Kompositionen wurde. Selbst die am wenigsten Scharfsinnigen hatten das Gefühl, dass die lateinische Sprache, die nicht mehr lebendiges Eigentum der Nation war, nicht geeignet war, die Inspirationen zeitgenössischer Dichter auszudrücken, so vorteilhaft sie auch für juristische, theologische und historische Werke beibehalten werden konnte.

Am Ende des 13. Jahrhunderts verliehen GUINICELLI aus Bologna und CAVALCANTI aus Florenz dem Stil der Liebespoesie, den sie wie ihre Zeitgenossen an den Troubadours so sehr bewunderten, mehr Vollkommenheit und Regelmäßigkeit, mehr wissenschaftliche Perfektion und mehr literarischen Wert. Auch in der Prosa entstanden wertvolle Werke. Die *Chronik* des DINO COMPAGNI enthält viele Passagen, die höchstes Lob verdienen. Diese Schriftsteller waren würdige Vorgänger des Dichters, der der Welt die *Göttliche Komödie schenken sollte, und* als erster unter den Modernen sollte er den größten Dichtern der Antike ebenbürtig sein, wenn nicht sogar in mancher Hinsicht übertreffen.

KAPITEL II.

DANTE.

DURANTE (ein Name, der später der Kürze halber DANTE GENANNT WURDE) wurde im Mai 1265 in Florenz als Sohn von Aldighiero geboren Aldighieri und Bella, seine Frau. „Von seinen Vorfahren ist durch den Nebel eines sehr nebulösen Altertums so viel zu erkennen", sagt Symonds in seiner *Einführung in das Studium von Dante,* „dass sie unter den Bürgern von Florenz einen guten Platz hatten, und es scheint, dass sie primitiv waren." Der Name war nicht Aldighieri , sondern Elisei . Über den Ursprung der Elisei gibt es unterschiedliche Überlieferungen. Einige von Dantes Biographen führen sie auf römische Kolonisten von Florenz zur Zeit von Julius Cäsar zurück . Andere, und das sind die meisten, leiten sie von einem Eliseo ab das edle römische Haus der Frangipani oder Brotbrecher – so genannt wegen einer bedeutenden Tat öffentlicher Wohltätigkeit –, die sich in den Tagen Karls des Großen oder kurz danach in Florenz niedergelassen haben soll. Auf jeden Fall waren die Elisei ehrenhaft in Florenz, sie besaßen Burgen auf dem Land und hoch aufragende Häuser in der Stadt. Sie wohnten im alten Pomoerium , einem primitiven ummauerten Ring, in der Via degli Speziali , in der Nähe des Mercato Vecchio; Dies allein war ein Zeichen uralten Blutes. Dante war stolz darauf, vom reinsten Blut der florentinischen Bürger abzustammen. Die Änderung des Namens von Dantes Familie von Elisei in Aldighieri erfolgte folgendermaßen: Cacciaguida degli Elisei , der 1106 geboren wurde, heiratete Aldighiera degli Aldigheri von Ferrara, und er hatte mit ihr einen Sohn, den er Aldighiero nannte . Dieser Sohn gab seinen Nachkommen seinen Vornamen, während ein Bruder von Cacciaguida die Linie und den Namen der Elisei fortführte . Cacciaguida folgte Konrad III. 1147 zu den Kreuzzügen, wurde von ihm zum Ritter geschlagen und starb im Alter von zweiundvierzig Jahren im Heiligen Land.

Der Dichter stellt diesen Vorfahren in einer der schönsten Passagen des *Paradiso vor.*

BRUNETTO erzogen LATINI , der Autor eines merkwürdigen Gedichts mit dem Titel „The *Tesoro",* in dem der Keim vieler Gedanken der *Göttlichen Komödie* nachgezeichnet werden kann. Anschließend wurde er von seinem dankbaren Schüler mitten in die Hölle gebracht. Dante verfügte über gründliche Kenntnisse der Wissenschaft seiner Zeit, und wir dürfen seinem Lehrer die Ehre zuschreiben, dass er die brillanten Fähigkeiten seines Schülers sorgfältig entwickelt hat. Er soll Musik studiert und ausgeprägte Fähigkeiten in der Malerei bewiesen haben.

Sein Vater starb, als er neun oder zehn Jahre alt war. Kurz vor seinem Tod stellte er seinen Sohn Folco Portinari, einem reichen Bürger von Florenz, und seiner Tochter Beatrice vor, die seine erste und wahrscheinlich einzige Liebe war. Obwohl er noch ein Kind war, war er von ihrer Schönheit beeindruckt. „Ihr Kleid an diesem Tag", sagt er, „hatte eine höchst edle Farbe , ein gedämpftes und schönes Karmesinrot, gegürtet und verziert, so wie es ihrem zarten Alter am besten entsprach." Beatrice starb, als Dante in seinem sechsundzwanzigsten Lebensjahr war, und der Schlag war so schwer, dass es lange dauerte, bis er durch Philosophie und Studium Trost fand. Sie wurde in seinen Augen zur Personifikation von allem, was großartig und edel war. In der *Göttlichen Komödie* erscheint sie als seine Führerin vom Gipfel des Fegefeuers ins Paradies.

Im Jahr 1292 heiratete er Gemma Donati , mit der er sieben Kinder hatte. Es kann also kaum eine unglückliche Ehe gewesen sein; aber da sie ihm nicht ins Exil folgte und er sie in keinem seiner erhaltenen Briefe erwähnt, können wir annehmen, dass es auf beiden Seiten keine sehr leidenschaftliche Zuneigung gab.

Der letzte Teil von Dantes Leben sollte von vielen Sorgen und Katastrophen geprägt sein. Er wurde in den Strudel des Fraktions- und Bürgerkriegs hineingezogen und erlitt zusammen mit vielen weniger bemerkenswerten Seeleuten Schiffbruch.

Er wurde 1300 zum Prior von Florenz ernannt und war so angesehen, dass er zu einem der vier Botschafter ernannt wurde, die zu Papst Bonifatius VIII. geschickt wurden , um sich über die französische Intervention unter Karl von Valois zu beschweren. Bevor sie zurückkehrten, war Charles in Florenz angekommen; Dante und seine Gefährten wurden geächtet, sein Eigentum wurde beschlagnahmt, sein Haus geplündert und er durfte nie wieder in die Stadt seiner Geburt zurückkehren.

Die Überlieferung besagt, und ich denke, dass dies durch die internen Beweise des Gedichts gestützt wird, dass er die ersten sieben Gesänge des *Inferno* vor seinem Exil in Florenz geschrieben hat und dass der Beginn des achten Gesangs:

„Io dico , seguitando ",

ist ein Beweis dafür, dass das Gedicht fortgesetzt wurde, nachdem es eine Zeit lang beiseite gelegt worden war, andernfalls wäre das Wort „ seguitando " für den Sinn unnötig, und es entspricht nicht Dantes Stil, unnötige Wörter in seine Zeilen aufzunehmen. Wenn diese Argumentation zutrifft , können wir das Datum der *Göttlichen Komödie ziemlich genau bestimmen.* Der Dichter täuscht vor, am Karfreitag des Jahres 1300 in die höllischen Regionen hinabgestiegen zu sein; sein Exil begann im Jahr 1301; daher schrieb er höchstwahrscheinlich in der zweiten Hälfte des Jahres 1300 die ersten sieben Gesänge des Werks. Im sechsten Gesang gibt es eine Anspielung auf sein Exil und die Niederlage seiner Partei; aber das könnte nachträglich eingefügt worden sein.

Grausam war der Schlag, der ihn traf, doppelt grausam nach so vielen Jahren des Wohlstands und der Ehre . Er musste mit unwürdigen Gefährten verkehren; er musste das bittere Brot der Abhängigkeit essen; er wurde von denen getrennt, die er am meisten liebte; und wie er Cacciaguida im Paradies vorhersagen lässt, „war dies der erste Pfeil, mit dem ihn der Bogen des Exils traf.“

> „Du lascerai ogni cosa diletta
> Mehr Karamell ; Und das ist genau das
> Richtige Strale
> Che l'arco dell esilio Pria Saetta .

Der Leser kann im siebzehnten Gesang des *Paradiso* seinen prägnanten und pathetischen Bericht über die Sorgen seiner späteren Jahre lesen. In die Form einer Prophezeiung gekleidet, stellt es eine der großartigsten Passagen des gesamten Gedichts dar. Einige Briefe, die während seines Exils geschrieben wurden, sind noch erhalten und strahlen einen so erhabenen Geist aus, dass die Verse allein sie mit seinen erhabensten Inspirationen gleichsetzen wollen . Trotz aller Schwierigkeiten seines ereignisreichen Lebens fand er immer noch Muße zum Lernen, Meditieren und Schreiben, und als er 1321 in Ravenna starb, war das erste große Gedicht der Neuzeit fertiggestellt.

„Viele Bände wurden geschrieben“, sagt Carlyle, „als Kommentare zu Dante und seinem Buch, doch im Großen und Ganzen ohne großes Ergebnis. Seine Biographie ist für uns sozusagen unwiederbringlich verloren. Eine unwichtige Wanderung.“ , trauriger Mann, zu seinen Lebzeiten wurde nicht viel von ihm beachtet; und das meiste davon ist in der langen Zeit, die jetzt dazwischen liegt, verschwunden. Es ist fünf Jahrhunderte her, seit er aufgehört hat, hier zu schreiben und zu leben. Nach allen Kommentaren, die Das Buch selbst ist hauptsächlich das, was wir über ihn wissen. Das Buch, und man könnte hinzufügen, das Porträt, das gemeinhin Giotto zugeschrieben wird, und wenn man es betrachtet, kann man nicht umhin, es für echt zu halten, wer auch immer es gemacht hat. Für mich ist es äußerst berührend Gesicht; vielleicht von allen Gesichtern, die ich kenne, das meiste. Einsam dort, gemalt wie auf einer leeren Stelle, mit dem einfachen Lorbeer umwickelt; die unsterbliche Trauer und der Schmerz, der bekannte Sieg, der auch unsterblich ist; bedeutsam für die gesamte Geschichte von Dante. Ich denke, es ist das traurigste Gesicht, das jemals nach der Realität gemalt wurde; ein insgesamt tragisches, herzergreifendes Gesicht. Darin liegt als

Grundlage die Sanftheit, Zärtlichkeit und sanfte Zuneigung eines Kindes; aber das alles ist wie zu einem scharfen Widerspruch, zu Verzicht, Isolation, stolzem, hoffnungslosem Schmerz erstarrt. Eine weiche, ätherische Seele, die so streng, unerbittlich, grimmig und scharfsinnig hervorschaut, als wäre sie aus einer Gefangenschaft aus dickem Eis gerippt. Dabei ist es auch ein stiller Schmerz, ein stiller, höhnischer; die Lippe ist in einer Art gottgleicher Verachtung gegenüber dem Ding, das ihm das Herz ausfrisst, gekräuselt, als wäre es dabei ein gemeines, unbedeutendes Ding, als wäre derjenige, den es zu quälen und zu erwürgen die Macht hätte, größer als es. Das Gesicht eines Menschen, der völlig im Protest und im lebenslangen, unerbittlichen Kampf gegen die Welt steht. Zuneigung verwandelte sich in Empörung; langsam, gleichmäßig, still, wie ein Gott. Auch das Auge sieht aus wie in einer Art *Überraschung*, einer Art Frage: Warum ist die Welt so beschaffen? Das ist Dante, so sieht er aus, diese ‚Stimme von zehn stillen Jahrhunderten‘ und singt uns sein ‚mystisches, unergründliches Lied‘.“

Dante ist einer jener Autoren, die ihre ganze Größe in einem großartigen Werk bündeln. Die *Vita Nuova* hat viele Schönheiten, das *Convito* verdient es, gelesen zu werden, die lateinischen Abhandlungen bieten zahlreiche interessante Punkte, aber erst in der *Divina Commedia* erreicht er den Höhepunkt seiner Erhabenheit. Er war außerordentlich klug, sowohl in der Wahl seines Themas als auch in der Form seiner Verse. Die Terza Rima trägt den Leser ruhig, edel und unwiderstehlich weiter. Wäre das Werk in Prosa verfasst worden, hätte es die Aufmerksamkeit zukünftiger Zeitalter nicht erregt, so groß ist die einbalsamierende Kraft der Verse. Ein gutes Prosawerk kann im Laufe der Zeit vernachlässigt werden; ein schönes poetisches Werk, niemals. Wäre das Werk in lateinischen Versen verfasst worden, wie es tatsächlich begonnen wurde, wäre es nur ein Studium für Neugierige und kein Besitz für die gesamte Menschheit.

Die lebendige Kraft von Dantes Vorstellungskraft, die intensive und raue Kraft seiner Gedanken und der anschauliche Realismus, mit dem er seinen Lesern die Szenen der Hölle, des Fegefeuers und des Himmels präsentiert, sind über jedes Lob erhaben und können in den Werken anderer keine Parallele finden Dichter. Milton übertrifft ihn an nachhaltiger Erhabenheit, aber an Bildhaftigkeit versucht der englische Dichter nicht, dem Florentiner Konkurrenz zu machen.

Dantes Gedicht ist so bekannt, dass es unnötig ist, auf besonderen Schönheiten zu betonen. Jeder kultivierte Leser kennt sie, wenn nicht im Original, so doch in Übersetzungen. Wenn an dem Gedicht ein Fehler zu finden ist, dann ist es, dass es etwas abfällt; das *Purgatorio* ist nicht ganz so schön wie das *Inferno* ; das *Paradiso*, nicht ganz so schön wie das *Purgatorio* . Der Dichter hat manchmal die unglückliche Tendenz, die Geschichten der Geister, denen er begegnet, nur anzudeuten, sodass wir die Geschichten, die es wert sind, in unsterblichen Versen festgehalten zu werden, eher seinen Kommentatoren als ihm selbst zu verdanken haben. Sein Stil ist einerseits nicht immer frei von Grobheiten und andererseits von Unklarheiten. Aber bei einer so edlen Leistung wäre es gemein, sich über gelegentliche Schönheitsfehler zu beschweren, anstatt dem Dichter dankbar zu sein, der uns ein Werk präsentiert hat, das vielleicht in vielerlei Hinsicht das edelste Werk des menschlichen Geistes ist.

Als Beispiel für Dantes Gedicht zitiere ich den letzten Gesang des *Inferno* in Carys Übersetzung. Dem Leser wird die merkwürdige Passage auffallen, die zu beweisen scheint, dass Dante sich vierhundert Jahre vor Newton des Gravitationsgesetzes bewusst war:

CANTO XXXIV.

„Die Banner des Höllenmonarchen kommen auf uns zu.
Schauen Sie also", so sprach mein Führer,
„wenn Sie ihn erkennen." Wie wenn eine schwere und dichte
Wolke atmet, oder wenn die Schatten der Nacht auf unsere
Hemisphäre fallen, scheint es aus der Ferne zu sein, wie eine
Windmühle
zu sehen , die der Windstoß munter bewegt. So war der
Stoff, dann dachte ich, ich sah ihn.

Um mich vor dem Wind zu schützen, zog ich mich sofort
hinter meinen Führer zurück; sonst war kein Versteck da.

Jetzt kam ich (und voller Angst befahl ich mir,
das Wunder aufzuzeichnen), wo die Seelen alle
darunter waren, durchsichtig, wie durch Glas, durchsichtig,
der zerbrechliche Stamm. Einige lagen auf dem Bauch,
andere standen aufrecht, dieser auf den Fußsohlen, jener auf
dem Kopf, ein dritter mit dem Gesicht zu den Füßen,
gewölbt wie ein Bogen. Als wir den Punkt erreichten, an dem
sich mein Führer freute , dass ich das Geschöpf von
herausragender Schönheit einmal sehen sollte ,
trat er vor mich und ließ mich innehalten.
„Siehe!" Er rief aus: „Siehe, und siehe, der Ort, an dem du
dein Herz mit Kraft bewaffnen musst."

Wie erstarrt und wie ohnmächtig wurde ich dann, fragen Sie
mich nicht, lieber Leser! denn ich schreibe es nicht, denn
Worte würden dir nichts von meinem Zustand sagen. Ich
war weder tot noch lebendig. Denken Sie selbst, ob eine

schnelle Empfängnis bei Ihnen überhaupt funktioniert, wie
ich mich gefühlt habe. Der Kaiser, der das Reich des
Kummers beherrschte, stand mitten im Eis .
und ich bin von der Statur her eher wie ein Riese, als dass die
Riesen seine Arme sind. Merke dir jetzt, wie groß das Ganze
sein muss, das zu einem solchen Teil passt. Wenn er schön
wäre, so wie er jetzt abscheulich ist, und es dennoch wagte,
seinem Schöpfer einen finsteren Blick zuzuwerfen, dann
möge all unser Elend von ihm fließen. Oh, was für ein
Anblick!
Wie merkwürdig kam es mir vor , als ich tatsächlich
drei Gesichter auf seinem Kopf entdeckte: eines vorn in
zinnoberroter Farbe, die anderen beiden mit dieser
Mitte, jede Schulter verbunden und am Scheitel;
Die rechte Seite schien blass und gelb zu sein , die linke
schien zu sehen, wie sie herkamen, von wo aus der alte Nil
sich ins Tiefland stürzte. Unter jedem Schuss schossen zwei
mächtige Flügel hervor, riesig wie ein so riesiger Vogel. Noch
nie sah ich Segel
ausgestreckt auf dem weiten Meer. Sie hatten keine Federn,
sondern waren von der Beschaffenheit her wie eine
Fledermaus, und diese flatterte er I ' th ' Luft, die von ihm
noch
drei Winde, mit denen Cocytus bis zu seiner Tiefe strömte,
war erstarrt. Mit sechs Augen weinte er; Die Tränen an drei
Kinns destillierten mit blutigem Schaum. An jedem Mund
zerschmetterte
ein Sünder seine Zähne wie mit schwerfälliger Kraft, so dass
drei
in dieser Gestalt gequält wurden. Aber weit mehr als nur
durch dieses Nagen wurde der Vorderste durch das heftige
Zerreißen gequält , wodurch der Rücken oft
seiner ganzen Haut beraubt wurde. „Dieser obere Geist,
dem schlimmere Strafe droht", so sprach mein Führer,

„ist Judas, der seinen Kopf nach innen hat und die Füße
nach außen bewegt. Von den anderen beiden,
deren Köpfe unter dem trüben Kiefer hängen, der hängt, ist
Brutus." : Siehe! Wie er sich windet Und nicht spricht! Der
andere Cassius, der
so groß erscheint. Aber jetzt bricht
die Nacht wieder an, Und es ist Zeit zum Abschied. Alles ist
sichtbar.

Ich habe ihn um den Hals gelegt , denn so befahl er;
Und als er Zeit und Ort bemerkte, packte er, als die Flügel
genug geöffnet waren , die zottigen Seiten fest
und stieg von Haufen zu Haufen hinab ,
zwischen dem dicken Schnee und dem zerklüfteten Eis.

Sobald er den Punkt erreichte , an dem sich der
Oberschenkel
nach der Anschwellung der Gesäße drehte,
drehte sich mein Anführer mit Schmerzen und heftigem
Kampf um seinen Kopf, wo zuvor seine Füße standen,
und klammerte sich an den Sturz, wie einer, der aufsteigt In
die Hölle dachte ich, wir kehrten wieder um.

„Erwarten Sie, dass wir bei einer solchen Treppe wie dieser“,
so sprach
der Lehrer, keuchend wie ein Verstorbener, „wir von so
extremem Bösem Abstand nehmen müssen.“ Dann trat er
durch eine felsige Öffnung hervor und stellte mich auf einen
Rand, um mich zu setzen und mich als nächstes zu gesellen
Würde
mit vorsichtigem Schritt an meine Seite treten. Ich hob
meinen Blick und glaubte, dass ich Luzifer sehen sollte, wo
er kürzlich zurückgelassen wurde, aber jetzt sah ich ihn mit
nach oben gehaltenen Beinen. Wer gröber ist und nicht sieht,
was der Grund war, an dem ich vorbeigegangen bin ,
der sollte sich an sie erinnern, wenn mich damals schwere
Arbeit unterdrückte .

„Steh auf“, rief mein Meister, „auf deinen Füßen. Der Weg
ist lang und der Weg sehr holprig; und jetzt, innerhalb von
anderthalb Stunden nach Mittag,
kehrt die Sonne zurück.“ Es war keine Palasthalle,
in der wir standen, hoch und leuchtend, sondern ein
natürlicher Kerker, in dem es keinen sicheren Stand gab und
kaum Licht zur Verfügung stand. „Von dem Abgrund
trenne ich mich “, so begann ich, als ich auferstanden war:
„Mein Führer! Gewähre mir ein paar Worte, um mich von
der Knechtschaft des Irrtums zu befreien . Wo ist jetzt das
Eis?
Wie steht er in dieser umgekehrten Haltung?
Und wie von Eva Hat die Sonne an einem so kurzen Morgen

im Weltraum ihren Transit gemacht?" Er antwortete mit
wenigen Worten : „Du meinst, du befindest dich immer noch
auf der anderen Seite des Zentrums , wo ich den
verabscheuten Wurm ergriffen habe , der durch die Welt
bohrt .
Du warst auf der anderen Seite, solange ich
herabgestiegen bin Ich drehte mich um , du hast diesen
Punkt überschritten , zu dem von jedem Teil
alles schwere Material gezogen wird. Du bist jetzt unter der
Hemisphäre
angekommen
, die dem gegenüberliegt, die der große Kontinent
überspannt, und unter deren Baldachin Der Mann, der ohne
Sünde geboren wurde und so lebte , ist abgelaufen
.

Deine Füße sind auf der kleinsten Kugel gepflanzt, deren
anderer Aspekt Judecca ist . Der Morgen
erhebt sich, wenn dort der Abend untergeht: und er, dessen
zottiger Haufen Schuppen war. d , steht doch behoben ,
wie beim ersten Mal. Auf diesem Teil fiel er vom Himmel
herab ; Und die Erde, die hier vorher hervorragte,
verhüllte sie aus Angst vor ihm mit dem Meer und zog sich
in unsere Hemisphäre zurück . Um ihn zu meiden, war
vielleicht
der freie Raum, der hier zurückgelassen wurde. Durch das,
was an festem Land auf dieser Seite erscheint, das abseits
sprang. Es gibt einen Ort unter Belzebub , der so weit
entfernt ist, wie sich das gewölbte Grab erstreckt , den man
nicht durch Anschauen,
sondern durch das Sehen entdecken konnte das Rauschen
eines Baches, der auf diesem Weg entlang der Mulde eines
Felsens herabsteigt, den die Welle gefressen hat, während er
sich ohne ungestümen Weg windet. Auf diesem verborgenen
Weg sind mein Führer und ich eingetreten, um in die schöne
Welt zurückzukehren: und ohne Rücksicht auf Ruhe Wir Er
kletterte zuerst, ich folgte seinen Schritten,
bis wir die wunderschönen Lichter der Morgendämmerung
durch
eine kreisförmige Öffnung in der Höhle sahen.
Von dort aus sahen wir wieder die Sterne.

KAPITEL III.

PETRARCH.

Anders als das Leben von Dante, von dem uns so wenige Einzelheiten überliefert sind, dass unsere Neugier durch die Informationen, die wir besitzen, eher geweckt als befriedigt wird, wird das Leben von Petrarca in seinen kleinsten Details durch Auszüge aus seinen Werken und seiner Korrespondenz veranschaulicht.

FRANCESCO PETRARCA wurde am 20. Juli 1304 in Arezzo geboren. Seine Familie stammte ursprünglich aus dem kleinen Dorf Ancisa , fünfzehn Meilen von Florenz entfernt, aber seine Vorfahren hatten sich schon seit vielen Jahren in dieser Stadt niedergelassen. Sein Vater, Pietro di Parenzo , wurde im Volksmund Petracco genannt , auf Lateinisch Petracchus , woher sein Sohn die Bezeichnung „ Petracchi " erhielt filius ", und so entwickelte der Dichter den wohlklingenderen Namen Petrarca . Sein Vater war Notar und scheint einige verantwortungsvolle Ämter innegehabt zu haben, aber er gehörte der Partei der „Bianchi" an und wurde 1302 zusammen mit Dante ins Exil geschickt und viele andere. Sein Eigentum wurde beschlagnahmt und er kehrte nie in die Stadt seiner Geburt zurück. 1313 ging er mit seiner Frau und seinen Kindern nach Avignon, wo die Päpste damals ihren Hof hielten. Er schickte seine Kinder in das ruhigere Viertel von Petrarca studierte dort unter einem fähigen Meister Latein, und die Bekanntschaft mit den antiken Schriftstellern entfachte in ihm eine Begeisterung, die erst mit seinem Leben endete. Er war für das Studium der Rechtswissenschaften bestimmt und ging 1318 nach Montpellier , und 1322 nach Bologna, aber er verspürte wenig Neigung zu dieser Wissenschaft, und nach dem Tod seines Vaters im Jahr 1326 kehrte er nach Avignon zurück und widmete sich der Literatur und der Gesellschaft.

Sein Name ist untrennbar mit dem von Laura verbunden und am Karfreitag des Jahres 1327 traf er sie zum ersten Mal.

> „Era il giorno , ch'ai Sol si scoloraro
> Per la pietà del suo Fattore Ich rai,
> Quando i ' fuipreso , e non me ne guardai ,
> Che i he' vostr ' occhi , Donna, mi legaro ."
> SONETT 3.

Aus den Nachforschungen ihres Nachkommen, des Abbé de Sade, kann kein Zweifel daran bestehen, dass Laura die Frau von Hugo de Sade und die Tochter von Audibert de Noves war. Sie starb 1348 an den Folgen des Schwarzen Todes, der damals Europa verwüstete, und ihr Verlust inspirierte den Dichter zu einigen seiner edelsten Ergüsse. Die Bindung war völlig platonisch und scheint bei seinen Zeitgenossen auch keine ablehnenden Kommentare hervorgerufen zu haben, denn seit dem ersten Auftreten der Troubadours hatte die Poesie der Schönheit eine ähnliche Hommage erwiesen.

Petrarca hatte das Glück, die Freundschaft und Gunst einiger der bedeutendsten Männer seiner Zeit zu gewinnen. Jacopo Colonna, Bischof von Lombés , lud ihn in seinen Palast am Fuße der Pyrenäen ein. Er befriedigte seinen starken Wunsch, die Welt zu sehen, indem er durch Frankreich und Deutschland reiste und anschließend viele Städte Italiens besuchte. In Rom wurde er von Stefano Colonna, dem Oberhaupt dieser berühmten Familie, begrüßt, doch Rom war damals verlassen und einsam, und Petrarca kehrte bald in die glänzenderen Kreise von Avignon zurück. Er fand einen köstlichen Rückzugsort fünfzehn Meilen von Avignon entfernt in Vaucluse, einem angenehmen Tal, das vom Fluss Sorga bewässert wird . Hier verfasste er einige seiner schönsten italienischen Gedichte und einige seiner aufwändigsten lateinischen Kompositionen. Die Wechselfälle des literarischen Geschmacks sind so ungewiss, und selbst große Dichter wissen so wenig, wo ihre wahre Stärke liegt, dass Petrarca seine Sonette und Canzoni, denen er allein seine Unsterblichkeit zu verdanken hat, als Vergnügen seiner Freizeit betrachtete widmete seine ganze Sorgfalt und sein Studium jenen lateinischen Werken, die heute nur noch von Neugierigen gelesen werden. Er verfasste ein schwerfälliges episches Gedicht in lateinischen Hexametern und schenkte es der Welt unter dem Titel „*Afrika*". Es verschaffte ihm einen immensen Ruf. Die ganze literarische Welt las es mit Begeisterung, und ganz Europa hallte von seinem Lob wider. Paris und Rom luden ihn gleichzeitig ein, sich in ihren Mauern mit dem Lorbeer krönen zu lassen. Er beschloss, die Einladung Roms anzunehmen; Doch vor der Zeremonie reiste er nach Neapel, wo er von König Robert mit Begeisterung empfangen wurde, der von dem *Africa so begeistert war* , dass er darum bat, es ihm selbst zu widmen. Der Dichter kam dieser Bitte gerne nach und reiste mit Zeichen königlicher Gunst beladen nach Rom . Er wurde am 8. April 1341 im Kapitol vom Senator Orso dell'Anguillara gekrönt und den ihm verliehenen Lorbeerkranz hängte er als Votivgabe in der Kirche St. Peter auf.

Petrarca war einer von denen, denen alles gelang; Und als ob die ihm bereits zuteil gewordenen Auszeichnungen nicht genug wären, wurde er bei einem Besuch in Parma von Azzo da Correggio an den Hof eingeladen und innerhalb kurzer Zeit als dessen Gesandter zu Clemens VI. nach Avignon geschickt. Er schrieb ein lateinisches Gedicht, in dem er dem Papst riet, nach Rom zurückzukehren, und seine Heiligkeit, obwohl er den Rat nicht befolgte, war von dem Gedicht so begeistert, dass er seinem Autor eine wertvolle Pfründe schenkte.

Von Ende Mai 1342 bis September 1343 hielt sich Petrarca hauptsächlich in Vaucluse auf und besuchte gelegentlich Avignon. Er war damit beschäftigt, sein Werk *„De Contemptu Mundi" zu schreiben* und Griechisch bei Barlaam zu lernen, der zu den Auswanderern aus Griechenland gehörte, die bereit waren, ihre Sprache den wenigen zu vermitteln, die sie erlernen wollten. Man hätte keinen eifrigeren Schüler finden können als Petrarca. Er gab wie sein Freund Boccaccio große Summen für das Sammeln von Manuskripten aus und kopierte sogar viele seltene Werke eigenhändig. Er scheint im Besitz einiger Werke klassischer Schriftsteller gewesen zu sein, die in der Zeit zwischen seinem Tod und der Erfindung des Buchdrucks verloren gingen.

Als sich Rom gegen die Tyrannei der Adelshäuser Colonna und Orsini erhob und Cola di Rienzi sich selbst zum Volkstribun erklärte, geriet Petrarcas Fantasie in Aufruhr und er begrüßte den Befreier in Prosa und Versen. Kardinal Colonna war zutiefst beleidigt darüber, dass er die Rolle eines Menschen übernahm, den er als Rebellen und Verräter betrachtete. Diese Meinungsverschiedenheit scheint ihn dazu veranlasst zu haben, den päpstlichen Hof zu verlassen und lebte einige Jahre in verschiedenen Städten Italiens. Er war in Parma, wo er gerade eine wertvolle Pfründe der Kathedrale erhalten hatte, als er vom Tod seiner geliebten Laura hörte. Der Schlag war schrecklich und er weigerte sich lange, sich trösten zu lassen. Aber wenn er seine Liebe verlor, gewann er einen Freund, denn im Jubiläumsjahr 1350 machte er auf dem Weg nach Rom die Bekanntschaft von Boccaccio in Florenz. Dies war sein erster Besuch in der toskanischen Stadt, und die Florentiner boten an, das beschlagnahmte Eigentum seines Vaters zurückzugeben, unter der Bedingung, dass er an ihrer neu gegründeten Universität Vorlesungen halten sollte. Dies lehnte er jedoch ab und aus dem Angebot wurde nichts. Er lebte viele Jahre in Mailand, der bevorzugte Gast der Visconti. Es gibt eine hübsche Geschichte von Galleazzo Visconti, der seinem kleinen Sohn im Scherz erzählte, er solle bei einer brillanten Unterhaltung, die er gab, den weisesten Mann der Anwesenden herausfinden und ihn voranbringen. Das Kind betrachtete die versammelte Gesellschaft, ging dann auf Petrarca zu und führte ihn zur Bewunderung aller Betrachter zu seinem Vater. „So deutlich", sagt Schopenhauer, der die Anekdote zitiert, „prägt die Natur dem Antlitz die Größe des Geistes ein, dass selbst ein Kind sie wahrnehmen kann."

Petrarca wurde von den Visconti als Gesandter an Kaiser Karl IV. und später in gleicher Funktion an König Johann von Frankreich nach Prag geschickt. Anschließend lebte er in Padua und Venedig und zog sich 1370 in das Dorf Arqua in den Euganeischen Bergen zurück, wo er den Rest seiner Tage verbringen sollte. Er wurde am Morgen des 18. Juli 1374 tot in seiner Bibliothek aufgefunden, den Kopf auf ein Buch gestützt.

Die Schar von Nachahmern, die ohne einen Funken von Petrarcas Genie jahrhundertelang seine Manierismen nachgeahmt hatten, löste schließlich die unvermeidliche Reaktion aus, und in den letzten Jahren haben viele Zensoren auf seinen Fehlern beharrt, während sie seine Schönheiten ignorierten. Aber Petrarca war sicherlich einer der größten Lyriker, die je gelebt haben. Die Melodie seiner Sonette und die Pracht seiner Oden sind in der Literatur seines Landes einzigartig, und kein italienischer Lyriker erreichte eine vergleichbare Höhe, bis Leopardi im 19. Jahrhundert nicht weniger leidenschaftliche Inspiration mit einem natürlicheren, einfacheren und direkteren Stil verband . Petrarca ist einer jener Dichter, die ihren Lesern nichts in einem scharfen und anschaulichen Stil präsentieren, sondern alles in einem reichen Dunst aus Metaphern und Metaphern. Aus dieser Tendenz lässt sich nicht leugnen, dass er gelegentlich künstlich und gezwungen wird, aber viel häufiger ist er herzergreifend und großartig. Im Gegensatz zu Dante, dessen Hauptinspiration Hass und Empörung waren, wird er von Liebe und Ehrfurcht angetrieben: Liebe für sein Land und für Laura und Ehrfurcht vor allem, was edel und heroisch ist. Seine erhabene Ode „ *Spirto gentil*" an Rienzi weckt den Geist wie eine Trompete, selbst nach so vielen Jahrhunderten. Wie edel ist die Anrufung der Helden des antiken Roms: „O grandi Scipioni ! O Fedel Bruto !" Und das Fazit ist großartig:

> „Sopra il monte Tarpeo , Canzon , vedrai ,
> Un cavalier [1] ch 'Italia tutta Onora ,
> Pensoso mehr d'altrui che di sè Stesso .
> Digli : Un che non ti vide ancor da presso ,
> Se non come per fama uom s'innamora ,
> Dice che Roma ogni ora ,
> Con gli Occhi di dolor bagnati e molli
> Ti chier Mercè da tutti sette ich colli .

Großartig ist die Ode an Italien, *Italia Mia,* und, wenn möglich, sogar noch überlegener ist das an Giacomo Colonna gerichtete Gedicht zugunsten eines weiteren Kreuzzugs. Wunderbar in ihrer zarten Schönheit sind die an Laura gerichteten Oden „ *In quella*". *Teil dov 'Amor mi sprona ,* und, *Di pensier in pensier , di monte in monte.* Aber die Gedichte aufzuzählen, in denen außergewöhnliche Schönheit zu finden ist, würde bedeuten, fast die gesamte Sammlung aufzuzählen. Die Zärtlichkeit und das Feuer, die Melodie und der Reichtum seines Stils werden von keinem Dichter in irgendeiner Sprache erreicht , außer von Tennyson in seinen schönsten lyrischen Ergüssen, insbesondere im *In Memoriam.*

Dass Petrarca das Sonett zur höchsten Perfektion gebracht hat, wird allgemein anerkannt, und den Lesern, die sich mit den Einzelheiten des Themas befassen möchten, kann ich „ *Das Sonett, seinen Ursprung und seine Geschichte*" von CHARLES TOMLINSON EMPFEHLEN .

Dante war insgesamt ein Mann des Mittelalters, der sich mit der Vergangenheit beschäftigte und kaum einen Gedanken an die Zukunft verschwendete; Aber Petrarca war in vielerlei Hinsicht überraschend modern, und sowohl in seiner lateinischen Prosa als auch in seinen italienischen Versen können wir viele Passagen finden, die vom Feuer der Hoffnung und dem Glauben an den Fortschritt erfüllt sind.

[1] Rienzi.

KAPITEL IV.

BOCCACCIO UND DIE PROSASCHREIBER DES VIERZEHNTEN JAHRHUNDERTS.

GIOVANNI BOCCACCIO wurde 1313 in Paris als Sohn eines florentinischen Kaufmanns und einer Französin geboren. Sein Vater besaß Grundstücke im Weiler Certaldo , und der Autor signierte sich stets mit „Boccaccio da Certaldo ". Er war zunächst für den Handel und dann für das Studium der Rechtswissenschaften bestimmt, da ihm aber keiner der beiden Berufe zusagte, widmete er sich nach dem Tod seines Vaters ganz seinen Lieblingsbeschäftigungen . Er wurde mit der Gunst des Königs Robert von Neapel und mit der Liebe der Königstochter Maria geehrt , die er in seinen Gedichten unter dem Namen Fiammetta feiert . Sein Eifer für die Schriftsteller der Antike stand dem Petrarcas in nichts nach. Er schickte Leontius Pilatus, um ihm Griechisch beizubringen. Er investierte große Summen in den Ankauf und die Reproduktion der Werke klassischer Schriftsteller. Er scheint ein liebenswürdiger und ehrenhafter Mann gewesen zu sein , frei von Stolz wie Dante und Eitelkeit wie Petrarca. In späteren Jahren bereute er den etwas frivolen Charakter vieler seiner Schriften, nahm Priesterweihen an und verbrachte die letzten Tage seines Lebens in Certaldo . Als Florenz einen Lehrstuhl für die Erklärung der *Göttlichen Komödie einrichtete,* war Boccaccio der erste, der ernannt wurde. Er schrieb ein Leben über Dante und begann einen Kommentar zum *Inferno*, den er jedoch nicht mehr vollendete, da er am 21. Dezember 1375 in Certaldo starb.

Boccaccio war ein äußerst fruchtbarer Schriftsteller, sowohl in lateinischer als auch in italienischer Sprache. Seine lateinischen Werke haben nur geringe Verdienste und sind denen von Petrarca an Kraft und Originalität des Denkens weit unterlegen. Seine italienischen Gedichte sind schwerfällig und uninteressant, aber ihm gebührt das Verdienst, die „Ottava Rima" erfunden zu haben, die Strophe, in der Ariosto und Tasso später ihre unsterblichen Epen schrieben. So lobenswert diese Werke für die Zeit ihrer Entstehung auch waren, er würde in der Literatur seines Landes keine hohe Stellung einnehmen, wenn er sich nicht in anderen Produktionen als der erste große Schriftsteller italienischer Prosa erwiesen hätte. Seine romantischen Geschichten, *Il Filocopo* , *La Fiammetta* , *l'Admeto* , sind in einem fließenden und angenehmen Stil geschrieben; Sein *„Leben von Dante"* und *sein „Kommentar zum Inferno"* sind wegen der Informationen, die sie vermitteln, wertvoll, aber der krönende Abschluss seiner literarischen Karriere ist die Sammlung von Geschichten, die unter dem Titel „ *Il Decamerone" veröffentlicht wurde* .

Die schreckliche Pest, die Mitte des 13. Jahrhunderts über die Erde hinwegfegte und in der Geschichte als „Schwarzer Tod" [1] bekannt ist, verwüstete Florenz mit besonderer Bösartigkeit, und Boccaccio täuscht vor, dass fünf Damen und ihre Kavaliere in einer Villa Zuflucht gesucht hätten die Nachbarschaft und verführten ihre Freizeit, indem sie sich gegenseitig Geschichten erzählten. Da es sich um eine Sammlung von Geschichten handelt, die von verschiedenen Charakteren erzählt werden, hat das *Decamerone* eine gewisse Ähnlichkeit mit einem anderen denkwürdigen Werk des 14. Jahrhunderts, den *Canterbury-Erzählungen von Chaucer,* doch glücklicher als sein großer Zeitgenosse lebte Boccaccio bis zur Vollendung seines Entwurfs.

Das Werk beginnt mit einer edlen Beschreibung der Pest von Florenz, aber diese düstere und schreckliche Einleitung gibt keinen Ausblick auf den leichten, festlichen und gelegentlich unanständigen Charakter vieler Geschichten. Andere jedoch sind sehr malerisch und sogar poetisch, und einige sind für englische Leser von besonderem Interesse, da sie die Quellen sind, aus denen Shakespeare „*Ende gut ist alles gut*" und „*Cymbeline*" stammt – Dryden, *Theodore und Honoria* und *Sigismonda und Guiscardo sowie* Keats *Isabella , oder der Topf mit Basilikum.*

Boccaccio hatte alle Qualitäten eines großen Romanautors. Sein Stil ist abwechslungsreich, flexibel und lebhaft, und seine Sprache ist so rein toskanisch, dass sie von der *Accademia della* als Standard hochgehalten wurde *Crusca ,* und wenn man daran etwas auszusetzen hat, dann ist es, dass die Fülle seines Vokabulars ihn manchmal zu blumigen und überflüssigen Erweiterungen führt. Seine Charaktere sind mit großem Geschick gezeichnet. Sein Dialog ist stets natürlich und angemessen. Seine Vorfälle sind genial und unterhaltsam, obwohl sie manchmal die Grenzen des Anstands überschreiten. Das Werk bietet einen brillanten Überblick über die Männer und Sitten Italiens im 14. Jahrhundert.

Kein Schriftsteller hat mehr von der Bewunderung anderer Schriftsteller profitiert als Boccaccio. Große Dichter verdanken ihm die Handlung einiger ihrer erfolgreichsten Werke. Große Maler wetteiferten miteinander bei der Darstellung der brillanten Szenen seines *Decamerone .* Große Philologen und Grammatiker haben ihre Bewunderung für die Reinheit und Eleganz seines Stils zum Ausdruck gebracht. So brillant seine Verdienste um die Literatur seines Landes auch waren, sie wurden von der Dankbarkeit der Nachwelt mehr als reichlich belohnt.

Italien brachte im 14. Jahrhundert viele weitere bedeutende Prosaschriftsteller hervor, von denen keiner so bedeutend war wie Boccaccio.

Zuallererst müssen wir die unschätzbar wertvolle *Chronik* von GIOVANNI VILLANI erwähnen . Dieser Historiker stand im Dienst der Florentiner Republik, bis er Prior wurde. Er war eines der vielen Opfer des Schwarzen Todes, und sein unvollendetes Werk wurde von seinem Bruder MATTEO FORTGESETZT , und diese Fortsetzung wurde von Matteos Sohn FILIPPO VOLLENDET . All dies wird von der Accademia della als Klassiker zitiert Crusca . Nach Ansicht kompetenter Juroren war Giovanni der brillanteste, Matteo der bemerkenswerteste wegen der wichtigen Ereignisse, die er erzählte, und Filippo eher wegen seines Fleißes und seiner Forschung als wegen seiner Fähigkeiten als Schriftsteller.

Die *Reisen* des Venezianers MARCO POLO waren ein unschätzbarer Beitrag zur Kenntnis entlegener Länder. Über Jahrhunderte hinweg stand er zu Unrecht unter dem Verdacht der Unwahrheit und Übertreibung, und seine Wahrhaftigkeit, ja, seine peinliche Genauigkeit wurde erst vor relativ kurzer Zeit bestätigt.

JACOPO PASSAVANTI , ein Dominikaner. Friar schrieb ein Andachtsbuch mit dem Titel „ *Lo Specchio* “ . *della Penitenza* , geschrieben in einer Prosa, die so musikalisch und fließend ist, dass sie von manchen der Prosa von Boccaccio vorgezogen wird, weil Passavanti sich nie der übertriebenen Ausarbeitung hingibt , die manchmal auf den Seiten des *Decamerone zu finden ist* .

GIOVANNI DA CATIGNANO , im Kalender als der selige Johannes der Zellen bekannt, nachdem ein ausschweifender junger Mann durch die leidenschaftlichen Ermahnungen des Abtes von Vallombrosa bekehrt worden war und in tiefer Reue seine Tage als Einsiedler beendete. Von diesem interessanten Büßer sind einige Briefe erhalten, die in einem so exquisiten toskanischen Stil verfasst sind, dass sie von der Accademia della zitiert werden Crusca als Vorbilder für Anstand und Eleganz.

Eine andere heiliggesprochene Berühmtheit, DIE HEILIGE KATHARINA VON SIENA , ist nicht weniger bemerkenswert für die Schönheit ihres Stils als auch für die Schönheit ihres Charakters.

Ein Leben des Heiligen Franziskus von Assisi mit dem Titel *Fioretti di San Francesco* wurde wegen der Frische und Einfachheit der Sprache hoch gelobt. Die Frömmigkeit oder Bescheidenheit des Autors veranlasste ihn, seine Identität zu verbergen.

Obwohl diese religiösen Schriftsteller so unterschiedliche Themen behandelten, konnten sie Boccaccio in der Perfektion des Stils fast ebenbürtig sein , aber die beiden Autoren, die Sammlungen von Geschichten verfassten, die seinen etwas ähnelten, FRANCO SACCHETTI und SER GIOVANNI FIORENTINO , waren in der Tat weit davon entfernt, sich seiner Meisterschaft anzunähern.

Wenn wir die literarische Entwicklung Italiens im 14. Jahrhundert betrachten, stellen wir fest, dass die Sprache sowohl in der Prosa als auch in den Versen ihre höchste Vollkommenheit erreichte, nur die leichteren Arten der Poesie blieben unkultiviert. Das Erscheinen zweier so großer Dichter wie Dante und Petrarca in einem Jahrhundert war ziemlich phänomenal und verlieh der Zeit einen Glanz , der die ganze Welt anzog. Aber eine andere, weniger allgemein bekannte Tatsache verdient ebenso Beachtung, nämlich die außerordentlichen Verdienste der Prosaautoren dieser Zeit. Es kann durchaus bezweifelt werden, ob Kompositionen späterer italienischer Prosa die seltenen Qualitäten derjenigen des 14. Jahrhunderts aufweisen. Leopardi schuf zwar Stilwunder, aber sie waren das Ergebnis von Kunst und Studium, während die Schriftsteller des 14. Jahrhunderts eine Leichtigkeit und Einfachheit, eine Frische und eine grafische Kraft an den Tag legten, verbunden mit der erlesensten Leichtigkeit und Harmonie in ihren Werken Phrasen, die sie immer zu bewundernswerteren Vorbildern machen müssen als die künstlichen und mühsamen Produktionen späterer Zeitalter.

[1] Für Einzelheiten zum Thema dieser schrecklichsten Pest, wahrscheinlich der schlimmsten, die jemals die Menschheit heimgesucht hat, können wir den Leser auf Pater Gasquets wertvolles und interessantes Werk zu diesem Thema verweisen.

KAPITEL V.

SCHRIFTSTELLER DES FÜNFZEHNTEN JAHRHUNDERTS.

Im krassen Gegensatz zum 14. Jahrhundert zeichnet sich das 15. Jahrhundert durch einen großen Mangel an bedeutenden Autoren aus. Dasselbe lässt sich in der literarischen Entwicklung Englands beobachten. Nach der brillanten Erscheinung Chaucers vergingen mehr als hundert Jahre, bis ein bedeutender Schriftsteller auftauchte. Dies ist möglicherweise zum Teil auf die Bürgerkriege zurückzuführen, die die Insel verwüsteten und Elend und Anarchie mit sich brachten. Ganz anders war die Lage in Italien. Es gab zwar Kriege und Unruhen, aber der Reichtum des Landes wurde gewaltiger denn je, und große Fürsten schenkten Wissenschaft und Gelehrsamkeit großzügige Unterstützung. Aber alle intellektuellen Energien waren nicht auf die Pflege der italienischen Sprache gerichtet, sondern auf das Studium der Schriftsteller der Antike. Nur Griechisch und Latein wurden geschätzt, die Vulgärsprache wurde verächtlich vernachlässigt.

Der einzige bedeutende Prosaschriftsteller war FEO BELCARI , ein florentinischer Magistrat, der die Leben des seligen Giovanni Colombini und anderer Brüder schrieb und die Schönheit und Eleganz der besten Autoren des 14. Jahrhunderts wiedergab. Er starb 1484 im hohen Alter.

LEON BATTISTA ALBERTI war ein Universalgenie. Er zeichnete sich als Maler, Bildhauer und Architekt aus, aber seine italienischen Schriften wären kaum wichtig genug, um erwähnt zu werden, wenn nicht der Mangel an Namen in diesem kargen Jahrhundert die Literaturhistoriker für jede Möglichkeit dankbar gemacht hätte, die Lücke zu füllen.

LEONARDO DA VINCI schrieb eine *Abhandlung über die Malerei* und prägte allen Künstlern die Notwendigkeit ein, originell zu sein und ihre Vorgänger nicht zu kopieren. Es wäre gut gewesen, wenn sich die Schriftsteller der damaligen Zeit diese Aufforderung genauso zu Herzen genommen hätten wie die Maler, denn im Laufe der Jahre wurde die unterwürfige Nachahmung konventioneller Formen immer mehr zum Fluch der italienischen Literatur.

PULCI wird für sein Scheinheldengedicht „ *Morgante Maggiore* " gefeiert. Der Riese Morgante ist der Held, aber wir machen auch Bekanntschaft mit Orlando, Rinaldo, Karl dem Großen und vielen anderen Charakteren, die in den bekannteren Gedichten von Bojardo und Ariosto vorkommen. Für Pulci war es bedauerlich , dass er so großartige Nachfolger hatte. Er verfügte über reichlich Witz und Originalität, verfügte jedoch weder über die poetische Vorstellungskraft von Bojardo noch über den magischen Stil von Ariosto, so dass es kein Grund zur Verwunderung ist, dass er in Vernachlässigung geriet.

MATTEO BOJARDO , Graf von Scandiano , wurde 1430 geboren und starb 1494. Er war von Natur und Vermögen begünstigt ; Als Soldat und Staatsmann hatte er jede Gelegenheit, seinen Geist mit vielfältigen Erfahrungen zu bereichern, und wir können nicht sagen, dass diese Gelegenheiten vernachlässigt wurden. Sein *Orlando Innamorato,* dessen Vollendung er nicht mehr lange erlebte, zeugt von großem Vorstellungsreichtum und beträchtlicher schöpferischer Kraft; aber leider ist sein Stil schwer und rau und wurde von den außergewöhnlichen Vorzügen von Ariostos *Orlando Furioso,* der angeblich nur eine Fortsetzung des früheren Gedichts ist, völlig in den Schatten gestellt. Fünfzig Jahre später schrieb Berni Bojardos Werk völlig neu und es gelang ihm sicherlich, ihm mehr Eleganz zu verleihen, aber er machte es für moderne Leser nicht interessanter. Tatsächlich erscheinen die Ritter des epischen Zyklus, der mit dem *Morgante Maggiore beginnt* und im 18. Jahrhundert mit dem *Ricciardetto endet* , heutzutage furchtbar uninteressant, und es bedarf des malerischen und melodischen Stils eines wirklich großen Dichters wie Ariosto, um sie zu verführen Leser durch den Bericht ihrer zahlreichen Abenteuer.

Der berühmte Gelehrte ANGELO POLIZIANO beweist in seinen Gedichten einen poetischen Geist, und sein *Orfeo* darf für sich in Anspruch nehmen, das erste dramatische Werk von literarischem Wert in italienischer Sprache zu sein. Es hat viele lyrische Schönheiten und die Refrains sind temperamentvoll. [1]

Sein Gedicht in Ottava Rima über ein Turnier von Giniano de Medici wurde durch den tragischen Tod seines Gönners in der von der Familie Pazzi organisierten Verschwörung unterbrochen , und der Verlust des restlichen Gedichts war nicht die am wenigsten beklagenswerte Folge dieses großen Verbrechens . Politian starb 1494 in der Blüte seines Lebens. Es ist vernünftig anzunehmen, dass er die Literatur seines Landes mit Werken von noch größerer Schönheit bereichert hätte, wenn seine Jahre länger gewesen wären.

Ein Dichter von wahrer Zärtlichkeit und Feuer, aber bemerkenswerter für die außergewöhnliche Perfektion seiner lateinischen Gedichte als für alle anderen Werke seiner Muse, war JACOPO SANNAZZARO , ein Neapolitaner. Er überlebte bis zum Jahr 1530, aber seine italienischen Gedichte sind Produkte seiner Jugend. Sein *Arcadia,* ein Hirtenroman in Prosa mit dazwischen liegenden Gedichten, erlangte große Berühmtheit und diente zweifellos als Vorbild für Sir Philip Sydneys gleichnamiges Werk. Es ist zart und anmutig, aber die extreme Unwirklichkeit der Nymphen und Hirten macht es für den modernen Geschmack eher anstößig. Seine italienischen Gedichte haben nicht annähernd so viel Melodie und Feuer wie seine lateinischen Gedichte, die tatsächlich so perfekt sind, dass sie, was den Rhythmus betrifft, nicht von denen Vergils selbst zu unterscheiden sind.

Diese Namen erschöpfen praktisch die Liste der italienischen Schriftsteller des 15. Jahrhunderts, eine wahrlich dürftige Liste und in auffälligem Kontrast zu den unzähligen Malern, die im gleichen Zeitraum eine Zierde für ihr Land darstellten.

[1] Der Chor aus dem *Orfeo* –

" Nein, ich seguiamo , Bacco, te ;
Bacco, Bacco, evoè , evoè !"

wird von George Eliot in *Romola zitiert* .

KAPITEL VI.

ARIOSTO.

Im 16. Jahrhundert dauerte es noch nicht lange, bis der Welt eines der berühmtesten Werke der italienischen Sprache präsentiert wurde, ein Gedicht, das einen Ruf erlangen sollte, der dem großen Werk von Dante, dem *Orlando Furioso* von ARIOSTO , KAUM NACHSTEHEN SOLLTE .

LUDOVICO ARIOSTO wurde am 8. September 1474 in Reggio in der Lombardei geboren. Sein Vater war dem Hof von Ferrara angegliedert und er selbst trat in die Dienste von Kardinal Ippolito d'Esté , dem Bruder des Herzogs , allerdings nicht in welcher Funktion genau bekannt. Dem Kardinal widmete er sein großes Werk, erhielt jedoch keinen Dank für die Hommage. Er geriet in völlige Schande, als er sich weigerte, seinen Gönner nach Ungarn zu begleiten. Dann versuchte er sein Glück beim regierenden Herzog, der großzügiger war als sein Verwandter und der den Dichter zum Gouverneur von Garfagnana ernannte , einer abgelegenen Provinz des Herzogtums, die von Räubern heimgesucht wurde. Er behielt dieses Amt drei Jahre lang und brachte die Provinz in eine so hervorragende Ordnung, dass er die Liebe und Wertschätzung des gesamten Distrikts erlangte.

Als er nach Ferrara zurückkehrte, genoss er höchste Achtung und Gunst des Herzogs , der große Freude an der Darstellung seiner Komödien hatte. Er war heimlich mit einer Florentinerin verheiratet, von der er jedoch keine Kinder hatte. Es wird vermutet, dass die Geheimhaltung gewahrt wurde, um einige kirchliche Einnahmen zu wahren, die der Kardinal seinem Anteil zugewiesen hatte. Aus früheren Beziehungen hatte er zwei Söhne, denen der Herzog Legitimationspatente verlieh. Seine Nachkommen erlangten beträchtlichen Reichtum und wurden zu einer der ersten Familien Ferraras. Sein Sohn Orazio zeichnete sich dadurch aus, dass er, als die Frage nach Torquato Tassos überlegenem Genie die Aufmerksamkeit Italiens erregte, erklärte, dass beide Dichter ihre besondere Schönheit hätten, weshalb er von den Eiferern auf der Seite seines Vaters heftig angegriffen wurde. Im 18. Jahrhundert verkehrte ein Marquis Ariosto in Brüssel mit Voltaire. Die letzte Nachfahrin des Dichters, die Gräfin Ariosto, starb 1878 im Alter von neunzig Jahren in Ferrara.

Ariosto gibt uns in seinen Satiren mit seltener Offenheit ein Bild seines Geistes und der Wechselfälle seines Lebens. Er war von lebhafter und offener Natur, vergnügungssüchtig und empfänglich für die Reize der Liebe, aber seinen Freunden gegenüber treu und aufrichtig und seinen zahlreichen Brüdern und Schwestern gegenüber sehr großzügig. Tizian gehörte zu seinen Freunden, und der große Maler hat für uns die Züge des großen Dichters bewahrt. Es werden kuriose Anekdoten über seine Geisteslosigkeit erzählt, wenn er in Gedanken versunken ist. Einmal ging er im Schlafrock durch die Straßen von Ferrara und bemerkte seine Kleidung erst, als ein Bekannter ihn ansprach und ihm davon erzählte. Er baute sich ein kleines Haus und brachte eine lateinische Inschrift über dem Eingang an, und als jemand bemerkte, dass es für jemanden, der in seinen Versen so prächtige Gebäude beschrieben hatte, sehr klein sei, antwortete er, dass Stoffe der Fantasie mit wenig errichtet werden. und solche aus Stein und Mörtel mit großem Preis. Sein Tod ereignete sich im Jahr 1533 an den Folgen einer Verdauungsstörung, die auf die Schnelligkeit zurückzuführen war, mit der er seine Mahlzeiten zu sich nahm, um zu seinen Studien zurückzukehren.

Um das Genie von Ariosto voll und ganz zu würdigen, müssen wir den Geist seiner Zeit verstehen, denn in ihm waren die moralischen und intellektuellen Qualitäten, die der denkwürdigen Epoche dieser Zeit ihren Stempel gaben, umfassender als in jedem anderen Schriftsteller dieser Zeit entwickelt Renaissance. Der Geschmack, die Liebe zur Schönheit, die klassische Einfachheit, die lebhafte Fantasie und die ätherische Leichtigkeit der Berührung, die die Werke der großen zeitgenössischen Maler charakterisieren , vereinen sich in den Versen von Ariosto in ebenso hoher Perfektion wie auf ihren Gemälden und Fresken. Er hatte neben den Vorzügen seiner Zeit auch deren Mängel: den Mangel an moralischer Erhebung, die Frivolität und das Fehlen religiöser Begeisterung.

ein heroischer Dichter im steifen alten konventionellen Stil zu sein , und erst nachdem er viele Themen ausprobiert und aufgegeben hatte, entdeckte er, dass er etwas unendlich Auffälligeres und Originelleres war. Schließlich entdeckte er in dem Thema, das Pulci und Bojardo inspirierte , eine unerschöpfliche Quelle der Poesie, und er nahm den Erzählfaden dort auf, wo Bojardos unvollendetes Gedicht ihn verlassen hatte, und schuf eines der größten Meisterwerke der gesamten Literatur.

Er ist einzigartig in der Leichtigkeit und Klarheit seines Stils, der in den 46 Gesängen des Werks keinen Moment nachlässt. Er soll mit größter Sorgfalt geschrieben und viel korrigiert und nicht wenig gelöscht haben. Die Strophe im ersten Gesang:

„La verginella è simile alla rosa"

Er schrieb neun Mal, bevor er zufrieden war. Galilei gab zu, dass er die Klarheit seines Stils dem sorgfältigen Studium von Ariosto verdankte, warf ihm jedoch vor, Verse um des Reims willen einzuführen; aber einen gelegentlichen Schönheitsfehler in einem Werk von solch immenser Länge mögen wir verzeihen.

Er erzählt uns selbst, dass er seinen Geist mit dem Geist der lateinischen Dichter, insbesondere des Catullus, durchtränkte, und in seinen Werken finden wir die Urbanität der augusteischen Zeit vereint mit einer Kraft und Lebhaftigkeit der Vorstellungskraft, die den Römern unbekannt war. Mit großem Urteilsvermögen verbesserte er die Hinweise, die sie ihm gaben, und die anmutige Art, in der er gelegentlich mythologische Anspielungen einführte, scheint Miltons Vorbild gewesen zu sein, als er dasselbe tat. Allerdings bewertet er Virgils Schmeichelei gegenüber Augustus als angemessen, wenn er sagt:

> „Nicht-Ära- Cosi Saggio e Grande Augusto
> Come la Tromba di Virgilio Suona ,
> E per avere in poesia Buon gusto
> Le proscrizioni inique gli perdona ,"

er selbst kann nicht vom Vorwurf der groben Schmeichelei gegenüber dem Haus Este freigesprochen werden, ohne auch nur die Entschuldigung von Virgil zu haben, denn es ist bekannt, mit wie wenig Beifall seine Gönner sein Meisterwerk empfingen. Einige Kritiker haben behauptet, dass er sein Thema nur deshalb gewählt habe, weil er seinen Gönnern die Figur des Vorfahren Ruggiero vorstellen konnte, aber zum Glück zum Ruhm eines der größten menschlichen Geister gibt es keinen Grund, dieser Verleumdung Glauben zu schenken. Das Thema empfahl sich für den Dichter aus eigener Kraft, wie jeder ehrliche Leser nach Lektüre des Werkes zugeben wird. Es ist unmöglich, das Labyrinth der Ereignisse im *Orlando Furioso zu betreten* , ohne verwirrt, erstaunt, geblendet und verloren zu sein in all den Wundern, die die Fantasie des Dichters heraufbeschwört. Sein Genie war im Wesentlichen narrativer Natur (wie die Tatsache beweist, dass seine Komödien seinem Epos so weit unterlegen waren), und sein Thema ermöglichte es ihm, Geschichte auf Geschichte zu häufen und aus Abenteuer Abenteuer zu entwickeln.

Kein schöneres Kompliment wurde jemals von einem Dichter einem anderen gemacht als von Byron an Scott, als er ihn den nördlichen Ariosto nannte, und der italienische Dichter den südlichen Scott.

> „Wer, wie der Ariosto des Nordens, wert ist."
> Sang Ladye – Liebe und Krieg, Romantik und
> Ritterlichkeit

Es war kein bloßes Kompliment, sondern eine durchaus berechtigte Parallele, und es wäre schwer zu entscheiden, welcher der beiden Dichter der größere war. Scott hatte sicherlich mehr Fähigkeit, den Charakter zu beschreiben; aber Ariosto hatte, wenn nicht die reichere, die lebhaftere Fantasie. Wenn wir nur Scotts poetische Werke berücksichtigen, wäre Ariosto im Vorteil; aber wenn die Prosaromane von Scott in die Waagschale geworfen werden, neigen sie die Waage zu seinen Gunsten . Beide Dichter waren, wie Byron sie nannte, Barden der Ritterlichkeit, aber Scotts Ritterlichkeit war die der Seele und die von Ariosto allzu oft nur die des Schwertes. Vielleicht können wir zu einer zufriedenstellenden Schlussfolgerung kommen, wenn wir sagen, dass Ariosto der größere und Scott der edlere Dichter war.

Ariosts Schnelligkeit im Stil ist so groß, dass ich kein prägnanteres Gedicht kenne als dieses Epos, das über vierzigtausend Zeilen enthält. Einer seiner Tricks, um die Aufmerksamkeit zu fesseln oder die Neugier des Lesers zu wecken, besteht darin, eine Geschichte in der Mitte abzubrechen, zu anderen Ereignissen überzugehen und die unterbrochene Episode in einem späteren Gesang abzuschließen. Die anmutige Schimpftirade, mit der er uns unterhält, wenn das Interesse nachzulassen droht, wird äußerst klug eingeführt, denn ein solches Thema, das mit feierlicher Schwermut und schwerem Pomp behandelt wird, würde äußerst lästig werden.

Jeder Gesang hat eine Einleitung, die ebenso genial im Gedanken wie schön im Ausdruck ist. Die interessanteste Einleitung ist wahrscheinlich die des letzten Gesangs, in der er seine Zeitgenossen darstellt, die ihm zur Vollendung eines so mühsamen Werkes gratulieren; aber andere verdienen kaum weniger Lob; zum Beispiel das über Eifersucht und das, in dem er die großen Maler seiner Zeit aufzählt, unter anderem Michael Angelo:

> „ Quel che a par sculpe e colora ,
> Michel, mehr „Der Sterbliche, der göttliche
> Engel .“

Die Schnelligkeit seiner Übergänge ist wirklich erstaunlich. Er wirbelt den Leser in zwei Zeilen von einem Ende der Welt zum anderen. Wenn wir von der atemlosen Geschwindigkeit seines Pegasus belästigt und ermüdet werden, hält er inne und verschwendet den ganzen Reichtum seines Geistes an eine Beschreibung oder einen Vorfall. Hier offenbart er, was für ein wunderbarer Dichter er ist. Die Jungfrau ist an einen Felsen gekettet und kurz davor, vom Seeungeheuer verschlungen zu werden; Zerbino und Isabella, Ginevra und Ariodante ; vor allem Alcina und ihr Zaubergarten; und die Raserei von Orlando, die keiner Passage der größten Dichter nachsteht: Dies sind nur einige der wunderbaren Passagen, die sein Epos zu den edelsten Schöpfungen des menschlichen Geistes zählen.

Sein Stil ist vielleicht, wenn nicht der erhabenste , so doch der vollkommenste aller italienischen Dichter; Es ist so süß abwechslungsreich, so anmutig und klug mit Metaphern und Tropen geschmückt, so malerisch in der Beschreibung, so lebendig in der Erzählung, so exquisit abgestuft, um den Gedanken des Dichters die passende Farbe zu verleihen. Die einzige Qualität, die ihm vielleicht fehlt, ist der Ausdruck tiefer Emotionen, den seine fröhlichen und lebhaften Verse selten erreichen. Man kann auch nicht sagen, dass er jemals eine große Denktiefe an den Tag gelegt hätte, so dass wir in seinen Werken vergeblich nach jenen wunderbaren Blitzen suchen, die das Geheimnis der Dinge erhellen. Mit diesem Mangel hängt das Fehlen auffälliger Individualität in vielen seiner Figuren zusammen; Sie sind Ritter und Sarazenen, wie die Überlieferung besagt. Wenn er möchte, kann er seine Figuren jedoch mit großem Erfolg individualisieren, wie Angelica oder Orlando und Alcina , und viele Beobachtungen, die sich über das gesamte Werk verteilen, zeigen eine scharfe Einsicht in die menschliche Natur. Voltaire, ein glühender Bewunderer dieses Dichters, sagte, er verfüge über mehr Kenntnisse über das menschliche Herz als in allen Epen und Romanen von Homers *Ilias* bis hin zu Richardsons *Pamela zu finden sei*. Er bedauerte, dass Madame du Deffand nicht Italienisch gelernt hatte, um einen so bewundernswerten Dichter lesen zu können. In einem seiner letzten Gedichte sagt er:

> „Ich vertraue l'Arioste du meme la Pucelle .

Die *Pucelle* wurde in der Tat in Anlehnung an den *Orlando Furioso geschrieben* , dem sie nicht mehr ähnelt, als eine Statue des Silenus dem Jupiter von *Otricoli* ähnelt .

Niemand hat die Wirkung von Ariosto auf den Geist wahrheitsgetreuer dargestellt als Leopardi in den folgenden Zeilen:

> „ Nascevi ai dolci sog Intanto e il primo
> Sole splendeati in Vista,
> Cantor vago dell' arme e degl ' amori ,
> Che in età Della Nostra Assai Men Trista
> Empièr la Vita di Felici Fehler ,
> Nova Speme d'Italia . O Torri , O Celle ,
> O Donne , O Cavalieri ,
> O Giardini , O Palagi! eine voi Nachdenklich ,
> In tausend Annehmlichkeiten _ si Perde
> La Mente mia .

Ariosto begann sein großes Gedicht 1505 im Alter von einunddreißig Jahren und beendete es 1516; doch im Jahr vor seinem Tod veröffentlichte er eine Ausgabe mit unzähligen Änderungen und Verbesserungen sowie sechs zusätzlichen Gesängen, und in letzterer Form gelangte sie in die Nachwelt. Bei seinem Tod hinterließ er fünf Gesänge eines unvollendeten Epos mit dem Titel *Rinaldo Ardito* , in dem viele Charaktere des *Orlando* wieder auftauchen; aber das Fragment ist in einem sehr unvollkommenen Zustand und erreicht bei weitem nicht die Schönheit des vollendeten Werkes.

Kapitel VII.

ZEITGENÖSSISCHE DICHTER MIT ARIOSTO.

Das Zeitalter von Ariosto ist bemerkenswert für das erste Erscheinen leerer Verse in italienischer Sprache. Die *Italia Liberata* von TRISSINO über die Siege Belisars über die Goten ist das erste Werk in diesem Versmaß . Trissino hielt sich für einen zweiten Homer, und sein Epos ist voller unüberlegter Nachahmungen der *Ilias*. Die Szene zwischen Jupiter und Juno auf dem Berg Ida wird mit sehr üppigen Verstärkungen auf Justinian und Theodora im Palast von Konstantinopel übertragen. Mehr als mit diesem schwerfälligen Epos leistete Trissino seinem Land seinen Dienst, indem er die erste italienische Tragödie, *Sofonisba* , schrieb, ein Werk, das alles enthält Passagen, die Euripides fast würdig wären. Mit einem weniger trägen und prosaischen Stil hätte Trissino im Drama möglicherweise beachtliche Erfolge erzielen können.

Der Dichter, der Ariosto in stilistischer Eleganz am nächsten kam, obwohl er in der Tat weit davon entfernt war, Feuer und Genialität zu übertreffen, war FRANCESCO BERNI , der in einem früheren Kapitel als Autor des *Orlando Innamorato* von Bojardo erwähnt wurde . Er kann nicht sehr originell gewesen sein, sonst hätte er sich nicht der Mühe unterworfen, die Arbeit eines anderen Mannes Zeile für Zeile neu zu schreiben, während er selbst an Gedichten hätte arbeiten können; aber er besaß jede Menge Lebhaftigkeit und Rassismus, wie seine Satiren und Sonette bezeugen. Sie wurden so beliebt, dass die leichte und komische Poesie nach ihm benannt wurde: *Poesia Bernesca* . Sein Ende war tragischer als seine Werke. Zu seinem Unglück lebte er in Florenz in der Intimität der Medici-Familie. Es kam zu einer erbitterten Fehde zwischen Herzog Alexander und Kardinal Ippolito. Der Herzog versuchte, Berni zu bestechen , um den Kardinal zu vergiften, und als dieser sich weigerte, an einem so schrecklichen Verbrechen beteiligt zu sein, ließ Alexander ihn seinerseits vergiften, damit er das Geheimnis seiner Schuld nicht preisgab.

LUIGI ALAMANNI war ein unermüdlicher Dichter. Er schrieb zwei gewaltige Epen, *Giron il Cortese* und *Avarchide* ; aber es würde die musikalische Diktion von Ariosto erfordern, um solche Produktionen zum Leben zu erwecken; und leider verfügte Alamanni, obwohl er ein gelehrter und sorgfältiger Schriftsteller war, nicht über die Verskunst von Ariost. Das Werk, das ihm am ehrenvollsten in Erinnerung bleibt, ist ein Lehrgedicht, *La Coltivazione* , zum gleichen Thema wie die *Georgics*.

GIOVANNI RUCELLAI , ein Neffe von Lorenzo dem Prächtigen, verdankte den Georgiern auch sein Gedicht „ *Le Api* “ (über die Bienen) in Leerversen, das in den Einleitungszeilen, der originellsten und erfreulichsten Passage, hervorragend verteidigt wird im Gedicht.

Monsignore GIOVANNI DELLA CASA erlangte zu seiner Zeit einen immensen Ruf für seine Werke in Prosa und Versen in lateinischer und italienischer Sprache; Da sein Verdienst jedoch ausschließlich im vollendeten Stil liegt – seine Gedanken gehen nicht über die Konventionalität hinaus – wurde er von Autoren vernachlässigt, die die gleiche, wenn nicht sogar größere Schönheit der Sprache mit mehr Originalität des Denkens vereinen.

ANNIBAL CARO leistete seinem Land einen großen Dienst, indem er ihm eine geistreiche Übersetzung der *Æneis schenkte*, und seine Werke in Prosa und Versen zeichnen sich allesamt durch kraftvollen Stil aus. Er erlangte aus einfachen Verhältnissen beträchtlichen Reichtum und Ansehen und wurde durch eine erbitterte Fehde mit einem zeitgenössischen Kritiker namens CASTELVETRO BERÜCHTIGT. Er hatte ein Gedicht zum Lob des Hauses Valois geschrieben: „Venite all'ombra de' gran gigli". d'oro ", und Castelvetro schrieb eine scharfe und scharfe Kritik dazu, auf die er in seiner „ *Apologia* " mit fast wahnsinnigem Groll antwortete. Castelvetro zögerte nicht, zu antworten, und Caro wird verdächtigt, all seinen Einfluss genutzt zu haben, um die Karriere von zu ruinieren sein Gegner. Aber es ist schmerzlich, bei diesen Ausbrüchen der Bosheit zu verweilen, die in den Annalen der Literatur leider zu häufig vorkommen.

KARDINAL BEMBO war ein Schriftsteller von äußerster Eleganz. Berichten zufolge besaß er vierzig Mappen, in deren erstem er den ersten Entwurf seiner Werke ablegte; im zweiten, dem zweiten; und so weiter, bis die vierzigste Revision das vierzigste Gefäß erreichte, wonach er allein die Arbeit auf sich nehmen musste, um das Licht zu sehen. Seine Leistungen sind so, wie man es von einem so sorgfältig arbeitenden Mann erwarten kann. Er ist mehr auf Worte als auf Realitäten bedacht. Seine Poesie orientiert sich an Petrarca, seine Prosa an Boccaccio. Er verfasste eine *Geschichte Venedigs* in zwölf Büchern, ursprünglich auf Lateinisch, und übersetzte sie selbst ins Italienische. Ein Dialog mit dem Titel *Gli Asolani ist* für englische Leser aufgrund der Ähnlichkeit des Titels mit Brownings *Asolando interessant*. Der Name stammt von Asolo, einem Ort auf dem Festland unweit von Venedig, wohin er sich gerne zurückzog, wie es Browning dreihundert Jahre später tat. Seine Briefe gelten als sein bestes Werk und sind im Stil weniger übertrieben als seine anderen Werke. Seine lateinischen Werke sind vollständig denen von Cicero nachempfunden.

FRANCESCO GRAZZINI, mit Nachnamen IL LASCA, war in seinen Gedichten eine Art minderwertiger Berni, aber er ist als einer der Gründer der Florentiner Accademia della bemerkenswert Crusca.

BERNARDINO ROTA , ein Neapolitaner, verfasste einige wirklich erbärmliche Gedichte über den Tod seiner Frau.

Das 16. Jahrhundert war bemerkenswert für drei Dichterinnen von beträchtlichem Verdienst: VITTORIA COLONNA, GASPARA STAMPA und VERONICA GAMBARA . VITTORIA COLONNA war die Witwe des Marquis von Pescara und widmet ihm viele ihrer Verse. Der aus Padua stammende GASPARA STAMPA WAR TIEF IN Collatino verliebt Collalto und brachte ihre Leidenschaft in zahlreichen Sonetten zum Ausdruck, von denen einige eine beachtliche Schönheit und Würde erlangen. VERONICA GAMBARA aus Brescia verfasste einige edle Verse, insbesondere das schöne Sonett, in dem sie im Namen Christi Karl V. und Franz I. anfleht, ihren Feindseligkeiten ein Ende zu setzen.

Obwohl er fast bis zum Ende des Jahrhunderts lebte, können wir der Einfachheit halber in diesem Kapitel ANGELO DI COSTANZO ERWÄHNEN . Er wurde 1507 in Neapel als Sohn einer wohlhabenden und adeligen Familie geboren, hatte aber trotz seines Reichtums viele Sorgen. Don Pedro de Toledo, Vizekönig von Neapel, verbannte ihn aus seiner Geburtsstadt. Seine erste Frau starb in der Jugend; seine zweite Frau bereitete ihm durch ihr Fehlverhalten großes Unglück; und um sein Unglück zu vollenden, bedauerte er noch den Verlust seiner beiden Söhne. Er appellierte vergeblich, in seine Heimat zurückkehren zu dürfen. Seine Petitionen wurden abgelehnt und er starb 1591 in Trauer und im Exil. Einige seiner Gedichte sind überaus schön; sein Sonett über Vergil, „ Quella". cetra gentil" wird zu Recht gefeiert. In Prosa schrieb er eine Geschichte Neapels, die häufig nachgedruckt wurde.

Betrachtet man die Poesie dieser Zeit, mit der brillanten Ausnahme von Ariosto, so ist das Ergebnis vielleicht ein Gefühl der Enttäuschung. Sicherlich entsprechen die Leistungen nicht der unbestrittenen Kultur und dem Intellekt der Autoren. Es gibt nichts (immer außer Ariosto), das die Aufmerksamkeit der Welt auf sich gezogen hat. Wie unterschiedlich sind in dieser Hinsicht die Dichter von den Malern derselben Zeit! Wie dunkel neben Michael Angelo, Raffael, Correggio, Tizian, Giorgione, Sebastian del Piombo , Tintoretto und der ganzen Galaxie, die für immer im Himmel der Kunst funkelt! Einige mächtige Köpfe wie Vida und Fracastoro wurden auf den Weg der lateinischen Poesie gelenkt; aber ich denke, die Haupterklärung für die Minderwertigkeit der Dichter ist ihr Mangel an wirklich schönen Themen; Denn wie kann ein Dichter edel schreiben, wenn er kein passendes Thema für seinen Vers hat? Ihre Liebespoesie bewegte sich zu sehr im Petrarca-Rhythmus; Ihre Heldenpoesie neigte zu sehr dazu, die Form schwerfälliger Epen anzunehmen, die ohne die Anmut von Ariosto völlig unlesbar waren. Religiöser Enthusiasmus scheint ihnen ferngeblieben zu sein. Es musste eine weitere Generation entstehen, bevor das Feuer im Heiligtum der Poesie erneut entfacht wurde.

KAPITEL VIII.

MACHIAVELLI UND DIE PROSASCHREIBER DES SECHZEHNTEN JAHRHUNDERTS.

NICCOLÒ MACHIAVELLI , der tiefgründigste Denker und schärfste Politiker seines Jahrhunderts, wurde am 3. Mai 1469 in Florenz geboren. 1498 wurde er zum Staatssekretär der Florentiner Republik ernannt. Aber diese Würde war die Ursache für sein späteres Unglück. Als die Medici-Familie in Florenz wieder an die Macht kam, wurde er inhaftiert, mit einer Geldstrafe belegt und sogar gefoltert. Er profitierte von einer Amnestie, die Leo Ungeduldig mit beiden, bewarb er sich um die Gunst der herrschenden Dynastie, aber das Unglück, das ihn sein ganzes Leben lang verfolgte, war so groß, dass die Medici, kaum hatte er ein gewisses Maß an Gunst erlangt , erneut aus Florenz vertrieben wurden, und er, als Einer ihrer Anhänger wurde von der siegreichen Partei mit Argwohn und Feindseligkeit betrachtet. Er überlebte das Scheitern all seiner Hoffnungen nicht lange und starb am 22. Juni 1527.

In seiner Generation erlebte Italien schlimme Zeiten. Die Invasion Karls VIII. von Frankreich öffnete die Schleusen einer Flut von Katastrophen; und den Verwüstungen des Königs folgte der vernichtende Despotismus des Kaisers . Der immense Reichtum, der im Laufe der Jahrhunderte des Wohlstands angesammelt worden war, schmolz rasch dahin. Die Republik Venedig verlor aufgrund der Rivalität zwischen Holland und Portugal einen Großteil ihres Handels, und der Handelsstrom wurde von der Adria aus durch die Entdeckung der neuen Passage nach Indien rund um das Kap der Guten Hoffnung gelenkt. Die rücksichtslose Extravaganz Leos X. erschöpfte die päpstliche Schatzkammer; ein großes religiöses Schisma unterbrach die reichliche Versorgung aus fernen Ländern; und die schreckliche Plünderung Roms mit dem von Clemens VII. geforderten ruinösen Lösegeld vollendete im Jahr von Machiavellis Tod eine lange Reihe von Katastrophen. Die Freiheit wurde von einheimischen Tyrannen und ausländischen Unterdrückern zerstört. Die Gegenwart war schrecklich und hatte unzählige Wunden, die Zukunft sah schwärzer aus als das Grab. Was für ein Wunder war es daher, dass Menschen mit jeder nur denkbaren Raffinesse der Diplomatie Zuflucht vor solchen Schrecken suchten? Das ist die wahre Erklärung und die einzige Entschuldigung für Machiavellis verschlungene Politik. Er ist absolut skrupellos, aber es ist die Skrupellosigkeit eines Patrioten im Kampf, der alle anderen Mittel der Selbstverteidigung ausgeschöpft hat .

Dennoch lässt sich nicht leugnen, dass Machiavelli alles andere als eine sympathische Figur ist. Wir bewundern die Schärfe seines Intellekts, wie wir die Schärfe eines scharfkantigen Schwertes bewundern; Aber wo ist die Liebe zur Menschheit, die Begeisterung für große Ideale, die Empörung eines edlen Geistes über die Ungerechtigkeiten eines bösen Zeitalters? Wunderbar ist die Durchdringung seiner Ausführungen; seine Einsicht war unübertroffen; oben loben die Klarheit und Präzision seiner Gedanken. Kein Historiker hat ihn jemals darin übertroffen, ein Panorama vergangener Ereignisse zu entfalten. Kein Politiker hat jemals klügere Regeln aufgestellt, um ein angestrebtes Ziel zu erreichen. Kein Staatsmann hat jemals mit einem schärferen Blick die Symptome der Zeit erkannt.

Aber wenn wir fragen, welchen Gewinn die Anstrengungen dieses äußerst scharfsinnigen und logischsten Geistes gebracht haben, wie lautet die Antwort? Sein Name ist zum Sinnbild eines herzlosen Intriganten geworden , und seine Werke leuchten wie ein Meteor des Bösen am dunklen und unruhigen Himmel seines Jahrhunderts.

Großes Lob gebührt seiner *Geschichte von Florenz*. Im ersten Buch fasst er mit einer prägnanten Klarheit, die spätere Historiker nachgeahmt haben, ohne sie zu übertreffen, die Ereignisse von zehn Jahrhunderten zusammen, und auf diese edle Einleitung folgt ein Werk, das die großen Kräfte seines Autors voll zur Geltung bringt.

Die *Diskurse über das erste Jahrzehnt des Livius* und *die Kunst des Krieges* behandeln beide dasselbe Thema; die Notwendigkeit einer freiheitsliebenden Nation, einen hohen Standard militärischer Effizienz zu erreichen und aufrechtzuerhalten. Das System der Anheuerung käuflicher Condottieri hatte die Streitkräfte Italiens zutiefst demoralisiert , tatsächlich hatte es den Weg für die Invasion Frankreichs und die Herrschaft Spaniens geebnet, und seine Auswirkungen waren bis zur Mitte dieses Jahrhunderts spürbar, wenn man keine andere Erklärung hatte reicht aus, um die Unterwerfung einer Nation mit einer solchen Geschichte wie Italien unter die Unterdrückung ausländischer Garnisonen zu erklären. Ein so klarsichtiger Patriot wie Machiavelli konnte nicht umhin, das Übel zu erkennen und das Heilmittel aufzuzeigen. Auch seine Depeschen und Korrespondenzen sind für die Geschichte seiner Zeit von unschätzbarem Wert.

Aber das Werk, das vor allem mit seinem Namen verbunden ist, ist die Abhandlung mit dem Titel „ *Il Principe*", ein Handbuch für einen Herrscher, der einen unsicheren Thron bewahren und skrupellose Feinde überlisten will. Er befürwortet zwar eine Politik, die bei der Verfolgung ihres Ziels auf alle Gnade und Moral Rücksicht nimmt; Aber um Machiavelli Unrecht zu tun, müssen wir bedenken, was sein Ziel war. Er hatte miterlebt, wie sein Land jahrelang von grausamen und räuberischen Eindringlingen verwüstet wurde, und er glaubte zu Recht, dass die einzige Chance Italiens gegen seine Feinde darin bestehe, die Herrschaft eines mächtigen und politischen Fürsten über die gesamte Halbinsel zu errichten, und das war auch der Fall Um einen Verhaltensstandard für einen solchen Prinzen festzulegen, schrieb er sein Buch.

Seine Geschichte *Belphegor* und seine Stücke, unter denen die *Mandragora* hervorsticht, sind witzig und lebhaft, überschreiten aber häufig die Grenzen des Anstands. Alle seine Werke sind durchsetzt mit unzähligen Beweisen für die Scharfsinnigkeit seiner Beobachtung, und der Stil ist klar und kraftvoll, aber etwas farblos . Er hat einige Gedichte geschrieben, die jedoch weder von großem Wert noch von Interesse sind.

Machiavelli ist zweifellos der erste Prosaschriftsteller seiner Zeit, so wie Ariosto der erste Dichter ist. Als Historiker steht er an zweiter Stelle, wenngleich wir mit großem Abstand seinen Freund und Mitbürger FRANCESCO GUICCIARDINI ANFÜHREN KÖNNEN , der 1480 geboren und gestorben ist 1540. Er studierte Jura mit so gutem Erfolg in Florenz, Ferrara und Padua, dass er bereits im Alter von zweiundzwanzig Jahren als Dozent für die Institute Justinians ausgewählt und im Alter von einunddreißig Jahren als Botschafter dorthin geschickt wurde Ferdinand von Aragon, dessen Amt er zwei Jahre lang innehatte. Mit Hilfe dieses Königs zwang Julius der Zweite die Florentiner erneut, sich der Herrschaft der Medici-Familie zu unterwerfen. Guicciardini wurde von den Freiheitsfreunden verdächtigt, an den Verhandlungen zwischen Papst und König beteiligt zu sein und ein Werkzeug dieser ehrgeizigen Dynastie zu sein. So hat er sich tatsächlich bewährt; und Härte, Groll und Rachsucht prägten sein Verhalten gegenüber seinen politischen Gegnern. Als Leo X. 1515 Florenz besuchte, wurde Guicciardini von der Republik geschickt, um ihn in Cortona zu empfangen. Kein Umstand hätte für die Karriere des Historikers günstiger sein können. Leo _ _ Als die „Heilige Liga" unter der Führung des Herzogs von Urbino gegen Kaiser Karl V. gegründet wurde, war Guicciardini einer ihrer führenden Geister. Aber die kaiserlichen Waffen setzten sich durch; Clemens VII. musste im Schloss St. Angelo Zuflucht suchen und musste mit ansehen, wie Rom vor seinen Augen gestürmt und geplündert wurde. Abscheulich waren die begangenen Grausamkeiten. Der Petersdom selbst war mit dem Blut der Ermordeten befleckt. Von den Bürgern wurden enorme Abgaben erhoben und vom Papst ein enormes Lösegeld verlangt. Als die Florentiner sahen, dass Clemens, selbst ein Medici, seiner Freiheit beraubt und sogar in Lebensgefahr war, griffen sie zu den Waffen und vertrieben die widerwärtige Dynastie. Doch das Unerwartete geschah. Der verletzte Papst und der tyrannische Kaiser versöhnten sich; und wahrscheinlich um die von seinen Truppen begangenen Gräueltaten zu sühnen, leistete Karl V. Alexander von Medici wirksame Hilfe bei seinem Bestreben , seine verlorene Herrschaft über Florenz zurückzugewinnen. Guicciardini wurde zum Werkzeug Alexanders, eines grausamen und unerbittlichen Tyrannen, der anschließend von seinem Verwandten Lorenzino ermordet wurde . Guicciardini war ein aktiver Akteur bei der Wahl von Cosimo I., und als ihm vorgeworfen wurde, er habe seinem Land einen weiteren Tyrannen aufgezwungen, antwortete er, dass je mehr Fürsten ermordet würden, desto mehr würden entstehen. Doch Cosimo war undankbar, als Guicciardini die Belohnung für seine Dienste forderte; eine bittere Enttäuschung stand ihm bevor; Er zog sich aus öffentlichen Angelegenheiten zurück und lebte zurückgezogen in Arcetri , wo er starb.

In den freien Stunden seines Ruhestands schrieb er die Geschichte, auf der sein literarischer Ruf beruht. Es umfasst den Zeitraum von der Invasion Karls VIII. bis zum Jahr 1532. Es ist ein wertvolles und wichtiges Werk; aber wie aus den Einzelheiten seines Lebens hervorgeht, zeigt der Autor keinerlei Erhabenheit oder Reinheit des Geistes. Seine Sicht auf die menschliche Natur ist niedrig; seine Einschätzung seiner Mitgeschöpfe ist hart und zynisch. Wenn die Farben jedoch unangenehm sind, ist das Bild wertvoll und es wäre ein großer Verlust gewesen, wenn es nicht für die Nachwelt erhalten geblieben wäre.

Guicciardini ist oft schwerfällig und weitschweifig, und es wurden viele lächerliche Geschichten über die Leiden der Leser erzählt, die sich gewissenhaft durch das gesamte Werk quälten. So wird von dem scherzhaften Gouverneur einer Provinz erzählt, dass er einem Sträfling eine kostenlose Begnadigung versprach, wenn er Guicciardinis Geschichte von der ersten bis zur letzten Seite lesen würde. Der Gefangene nutzte die Gelegenheit, seine Freiheit wiederzugewinnen, gerne. Er wusste kaum, welche Aufgabe ihm auferlegt wurde. Als er Seite für Seite in den schwerfälligen Wälzern umblätterte, überkam ihn eine tödliche Müdigkeit, bis schließlich die endlosen Details der Belagerung von Pisa seine Geduld erschöpften. „Bringt mich zurück zu den Galeeren", rief er. „Eher das als das Elend, dieses schreckliche Buch durchzuarbeiten."

AGNOLO FIRENZUOLA war ein guter Prosaschreiber, ein sehr minderwertiger Dichter; Tatsächlich ist der Kontrast zwischen den beiden Klassen seiner Werke so groß, dass man kaum glauben kann, dass sie aus derselben Feder stammen können. Das auffälligste seiner Werke ist ein *Dialog über die Schönheit der Frau*.

PIER FRANCESCO GIAMBULLARI schrieb eine *Geschichte Europas* von der Thronbesteigung Karls des Großen bis zum Jahr 913. Die Geschichte ist unvollendet, der Autor starb 1555. Er war einer der Gründer der Florentiner Accademia della Crusca . Er wurde für die Würde und Vollendung seines Stils hoch gelobt.

Vasari und Cellini sind Namen, die in den Annalen der Kunst bekannt sind, ersterer für seine unschätzbaren Malerbiografien und letzterer als Bildhauer und Gold- und Bronzearbeiter. Seine Biografie ist ein eindrucksvolles Denkmal des Mannes und seiner Zeit.

Benedetto Varchi hatte viele Eigenschaften eines fähigen Historikers, aber da er im Sold des Großherzogs Cosimo I. stand, kann seine Unabhängigkeit mehr als vermutet werden.

Im Gegensatz zu ihm war Jacopo Nardi ein erbitterter Gegner der Medici-Familie, und in seiner *Geschichte von Florenz* von 1494 bis 1531 malt er sie in den schwärzesten Farben . Einem so entschlossenen Gegner der herrschenden Dynastie konnte es nicht gestattet werden, in Florenz zu bleiben. Er wurde in die Verbannung getrieben und flüchtete nach Venedig, wo er nach der Mitte des Jahrhunderts starb. Als Biograph zeichnete er sich durch sein Leben über Antonio Giacomini aus.

Bernardo Segni müssen wir den Namen eines anderen aufzeichnen . Er schrieb die *Geschichte Italiens* von 1527 bis 1555, also drei Jahre vor seinem Tod. Da er sich mit zeitgenössischen Ereignissen befasste, war er nicht in der Lage, sein Thema mit der nötigen Unabhängigkeit zu behandeln, und da er ein ruhiges und fleißiges Leben führte, ist es schwer vorstellbar, wie er verlässliche Informationen sammeln oder Zugang zu wichtigen Dokumenten erhalten könnte.

Vincenzo Borghini war ein fleißiger Antiquar, der ein Buch über die *Entstehung der Stadt Florenz schrieb*.

Giambattista Adriani behauptete, Guicciardinis Werk in seiner *Geschichte seiner eigenen Zeit* fortzusetzen , aber es ist in sich abgeschlossen und hat viele Vorzüge, sowohl stilistisch als auch thematisch. Adriani wurde zu seiner Zeit als öffentlicher Redner gefeiert, und seine *lateinischen Reden* fanden so großen Anklang, dass sie sofort nach ihrer Vorlesung ins Italienische übersetzt wurden. Er starb 1579.

Camillo Porzio , der bis 1603 überlebte, verfasste mehrere historische Monographien über das Königreich Neapel.

So geschickt sie auch in allen Kompositionskünsten waren, ergingen sich die Schriftsteller des 16. Jahrhunderts allzu häufig in überflüssiger Weitschweifigkeit. Bernardo Davanzati war sich dieses Mangels bewusst und beschloss, die entgegengesetzte Qualität der lakonischen Prägnanz zu kultivieren. Er war glänzend erfolgreich. Er übersetzte Tacitus, dieses große Beispiel der Kürze, und prahlte damit, dass seine Wiedergabe weniger Worte als das Original enthielt, ohne dabei einen Teil des Sinns zu opfern. Er schrieb ein Buch über die Reformation in England, eine Trauerrede über Cosimo I. und mehrere Abhandlungen über Finanzen und Landwirtschaft.

Bei der Betrachtung der Autoren dieser Epoche sind wir von der Zahl und den Verdiensten der Historiker beeindruckt. Die anderen Prosaautoren sprechen den modernen Leser nur schwach an. Mit Ausnahme von BALDASSARE CASTIGLIONE , der uns in seinem *Cortegiano* ein erfreuliches Bild der feineren Kreise der italienischen Gesellschaft vermittelt, sowie von Vasari und Benvenuto Cellini geben sie nicht viel über die Sitten und Gebräuche ihrer Zeit preis. Kein Boccaccio entstand, um die Männer und Frauen seiner Zeit für die Zukunft darzustellen.

Die Geschichten von BANDELLO und LUIGI DA PORTO haben kaum etwas zu bieten, außer der Tatsache, dass sie Shakespeare mit einigen seiner Handlungsstränge versorgten. An Lebendigkeit mangelt es Bandello jedoch keineswegs. STRAPAROLA , der Autor von *Tredici Piacevoli Notti* und FIORENTINI , der Autor von *Il Pecorone* , hatten ebenfalls die Ehre , Hinweise auf den großen Dramatiker zu geben. Allzu oft kommt es vor, dass die extreme Weitschweifigkeit der Schriftsteller des 16. Jahrhunderts ihre Gedanken in einem Ozean von Worten ertränkt. Es ist seltsam, dass die große Erschütterung der Reformation kein theologisches Werk hervorgebracht hat, das in italienischer Sprache verfasst wurde. Die Kontroversen wurden alle in lateinischer Sprache geführt, aber selbst in lateinischer Sprache wurde auf der Halbinsel nichts hervorgebracht, an das man sich heute erinnert. Tatsächlich hatte die große katholische Reaktion zur Folge, dass Schriftsteller Angst davor hatten, Anstoß zu erregen. Es beschränkte sie immer mehr auf die akademischen Strömungen und förderte so unglücklicherweise jenen Hang zur Konventionalität und Unwirklichkeit, der die italienische Literatur immer tiefer in den Sumpf der Mittelmäßigkeit stürzte.

KAPITEL IX.

BERNARDO UND TORQUATO TASSO.

Nur selten sind Dichter so romantisch wie ihre Gedichte oder so interessant wie die Sprösslinge ihrer Fantasie. Wenn also ein Dichter mit einer interessanten Persönlichkeit auftritt, wird die Aufmerksamkeit, die er erregt, universell. Dies war das Schicksal von TORQUATO TASSO . Es wäre nicht ganz ungerecht zu sagen, dass sein Name kein geläufiges Wort wäre, wenn er nicht so viel Unglück erlitten hätte, denn der Verdienst seiner Gedichte kann die Würde seines Rufs kaum aufrechterhalten.

Sein Vater, BERNARDO , stammte aus Bergamo, wurde 1493 geboren und starb 1569. Er war ein Schriftsteller in Prosa und Versen, sein Hauptwerk waren die *Amadigi* , ein Epos von immenser Länge, gut und sorgfältig geschrieben, aber ohne jegliches Funke Genie. Er war dem Hof von Ferrante Sanseverino , dem Fürsten von Salerno, angegliedert, und als sein Herr von Kaiser Karl V. aus seinen Herrschaftsgebieten vertrieben wurde, folgte er seinem Schicksal und hinterließ seine Frau, Properzia de' Rossi, und drei Kinder, das jüngste von denen die 1544 geborene Torquato in die Obhut ihrer Verwandten überging. Seine Hingabe an das gefallene Schicksal des Prinzen von Salerno war die Ursache für viele Sorgen seines berühmten Sohnes. Sein Erbe wurde beschlagnahmt und als er starb, hatte er seinen Kindern nichts zu hinterlassen. Dies war auch nicht die größte seiner Prüfungen. Er sah seine Frau nie wieder und als er sie in Rom bei sich haben wollte, lag sie im Sterben. Alles, was sie tun konnte, war, ihm den kleinen Torquato zu schicken , dessen Erziehung fortan der Obhut des Vaters anvertraut wurde.

Die Jugend zeigte ebenso viel Liebe und mehr Begabung für poetische Kompositionen. Mit achtzehn Jahren veröffentlichte er sein Epos „ *Rinaldo* ", ein wunderbar reifes Werk für einen so jungen Schriftsteller. Torquato Tasso war einer jener Dichter, die ihre besten Werke am Anfang ihrer Karriere schufen. Die Werke, durch die er allein in Erinnerung bleibt, entstanden alle vor seinem zweiunddreißigsten Lebensjahr. Sein Geist erlangte schon sehr früh die volle Beherrschung seiner Kräfte, und als er, wie die Stimme eines Sängers, seine Frische verlor, verlor er auch seinen Reiz. Corneille und Tennyson ähneln ihm in dieser Besonderheit, ihre Meisterwerke in relativer Jugend zu schaffen, aber in ihrem Fall ist die Trennung zwischen den beiden Perioden nicht ganz so ausgeprägt wie in seinem. Corneille brachte nach *La Mort de Pompée* kein wirklich großes Drama mehr hervor , aber in einigen seiner späteren Tragödien blitzt gelegentlich sein frühes Feuer auf. Nach Maud hat Tennyson der Welt keine denkwürdige Schöpfung geschenkt , aber seine *Idylls of the King* bieten einige poetische Details, und einige Texte sind nicht ohne die Perfektion, die seine früheren Gedichte auszeichnete . Aber Tasso hat absolut nichts hervorgebracht, von dem man, bei aller Vorsicht, sagen könnte, dass es nach der Veröffentlichung der *Gerusalemme zu seinem Ansehen beigetragen hätte Liberata . Im Gegenteil, er schadete eher seinem Ruf, indem er den Kritiken seiner Kritiker nachgab und sein großes Werk unter dem Titel Gerusalemme* neu schrieb *Conquistata und* brachte ein Epos hervor, das so schwach und leblos war, dass es sofort völlig vernachlässigt wurde.

So frühreif er auch in der Manifestation seines brillanten Genies war, war sein Vater bestrebt, diese Fähigkeiten maximal zu fördern, und so wurde Torquato nach Padua geschickt, um Jura zu studieren. Aber das Gesetz war wenig nach seinem Geschmack. Sein *Rinaldo* verschaffte ihm immensen Ruhm, und er fand es angenehmer, sich im Sonnenschein der brillanten Gesellschaft zu sonnen, die ihn zu Beginn seiner Berühmtheit umwarb, als mühsame Stunden mit der Verfolgung einer trockenen und geschmacklosen Wissenschaft zu verbringen. Kein Dichter hatte in so jungen Jahren jemals eine so glänzende Aussicht auf Ruhm und Reichtum. Aber gerade das Ausmaß der Bewunderung, die er erregte, legte den Grundstein für die schrecklichen Katastrophen, die ihn noch vor Ablauf vieler Jahre ereilen sollten.

Kardinal Luigi von Este, angezogen von seinem hervorragenden Ruf, bot ihm eine Stelle in seinem Haushalt und eine Einführung am Hof von Ferrara an. Das umwerfende Angebot wurde vom Dichter angenommen; aber die Freundlichkeit des Kardinals hatte verhängnisvollere Folgen, als die Machenschaften seiner erbittertsten Feinde hätten nach sich ziehen können.

Zunächst ging alles gut. Tasso machte einen positiven Eindruck auf Herzog Alfons und seine beiden Schwestern Lucrezia und Eleonora. Er begleitete den Kardinal auf einer Mission an den Hof Karls IX. von Frankreich und kehrte nach einem einjährigen Aufenthalt in Paris, wo er von den führenden Autoren, darunter Ronsard, gefeiert wurde, auf dem Höhepunkt seines Ruhms nach Ferrara zurück, um ihn zu empfangen neue Beweise der Gunst des Herzogs . Aber je mehr er in der Wertschätzung seines Herrn wuchs, desto mehr erregte er die Eifersucht derjenigen, die ebenso ehrgeizig, aber weniger erfolgreich waren. Tatsächlich ist an der populären Legende von seiner Liebe zur Prinzessin Eleanora nichts Wahres. Der Gegenstand seiner Zuneigung scheint eine Hofdame, Leonora Scandiano , gewesen zu sein . Auch der Dichter Guarini war in diese Dame verliebt, und aus der Rivalität der beiden Dichter resultierte erbitterte Feindseligkeit. Der bösartige Neid seiner Gegner wurde durch den glänzenden Erfolg seines 1573 inszenierten Schäferstücks „*Aminta*" *geweckt* . Die Rede von diesem Gedicht war so groß, dass die Prinzessin Lucrezia, die inzwischen den Herzog von Urbino geheiratet hatte, Tasso zum Vorlesen schicken ließ es ihr in Pesaro. Sie war sowohl mit dem Werk als auch mit dem Schriftsteller so zufrieden, dass sie ihn einlud, den Sommer in ihrem Palast Castel Durante zu verbringen. Die exquisite Schönheit der Gärten und des Geländes soll ihm im Sinn gestanden haben, als er die Gärten von Armida in *Gerusalemme beschrieb*.

Dies war die glücklichste Zeit in Tassos Leben. Er wurde mit der Gunst der höchsten Persönlichkeiten des Landes und mit der Bewunderung ganz Italiens geehrt. Er war kongenial an der Vollendung des großen Epos beteiligt, das seinen Namen unsterblich machen sollte. Niemals wurde ein Dichter in eine brillantere Position gebracht, noch schien er sich einer glänzenden und triumphalen Karriere sicherer zu sein.

Aber die Saat des Bösen war bereits gesät, und das Unheil wurde bald offensichtlich. Er vollendete die *Gerusalemme* im Jahr 1575 und von diesem Moment an war sein Seelenfrieden dahin. Ob er sich bei dieser großen Aufgabe überanstrengte oder ob er geheime Gründe für Ärger und Demütigung hatte, von denen seine Biographen nichts wissen, ist schwer zu vermuten, aber seit dieser Zeit scheint sein Temperament krankhaft misstrauisch und reizbar geworden zu sein. Er reagierte äußerst empfindlich auf Kritik und belästigte sich selbst und andere, indem er ständig beanstandete Passagen änderte und korrigierte. Als das Gedicht schließlich veröffentlicht wurde, was erst einige Zeit nach seiner Fertigstellung geschah, wurde es von der Accademia della angegriffen Crusca mit erheblicher Härte und Ungerechtigkeit. Der große Fehler, den die Akademie feststellte, bestand darin, dass die Redewendung nicht immer rein toskanisch war. Die allererste Zeile des ersten Canto wurde zur Kritik herausgegriffen:

> „Canto l'arme Pietose e il Capitano.

Der Dichter verwendet das Wort „ pietose “ im Sinne von „fromm“, während die Akademie behauptete, dass es niemals etwas anderes als „mitfühlend“ bedeuten könne.

Tasso war nicht nur beunruhigt über diese winzigen Spitzfindigkeiten, sondern er wurde auch von der schrecklichen Befürchtung heimgesucht, dass seine religiöse Orthodoxie in Frage gestellt werden könnte, und er selbst beantragte bei den Vätern der Heiligen Inquisition eine Prüfung und eine Rechtfertigung. Vergebens versicherten ihm die Kirchenväter mit einstimmiger Herzlichkeit, dass ein solcher Prozess völlig überflüssig sei und dass die Reinheit seines Glaubens nie einen Moment lang in Zweifel gezogen worden sei; er gab immer noch zu, unzufrieden zu sein, und quälte sich noch lange mit religiösen Skrupeln.

Der Herzog von Ferrara war zweifellos sehr erfreut über den Erfolg des Meisterwerks seines Hofdichters und ernannte Tasso zu seinem Privatsekretär, als dieser Posten durch den Tod von Giambattista frei wurde

Pigna im Jahr 1577. Wahrscheinlich belasteten ihn die beschwerlichen Pflichten und die schwere Verantwortung dieser Ernennung mit einer neuen Ladung Angst, und er hatte möglicherweise das Gefühl, mehr denn je zum Gegenstand von Bosheit und Neid geworden zu sein; Was auch immer der Grund war, in seinen Reden und Taten verrieten sich immer mehr Erregbarkeit, die an Raserei grenzte, und Misstrauen, die an Wahnsinn grenzte. Er vermutete, vielleicht nicht ohne Grund, dass einige seiner Briefe abgefangen worden seien; Er war fest davon überzeugt, dass es eine Verschwörung gab, um ihn zu vergiften, wenn auch weniger fundiert. Er empfand auch den Ärger, der für einen Autor besonders ärgerlich war, weil er wusste, dass in ganz Italien gefälschte Kopien seines großen Epos im Umlauf waren, voller Fehler und eingefügter Passagen.

Alle diese Ursachen der Unruhe gipfelten im Monat Juni dieses verhängnisvollen Jahres in schrecklicher Gewalt. Eines Abends zog er in den Gemächern der Prinzessin Lucrezia und sogar in ihrer Gegenwart einen Dolch und erstach einen Diener, von dem er vermutete, dass er am Raub einiger fehlender Dokumente beteiligt war. Er wurde verhaftet und der Herzog befahl, ihn streng gefangen zu halten. Als er aus der Gefangenschaft entlassen wurde, war er so aufgeregt vor Kummer und Empörung, dass alle Beobachter ihn für verrückt erklärten. Er flüchtete in ein Franziskanerkloster; Doch als der Herzog sich weigerte, seine Briefe entgegenzunehmen, fürchtete er die Auswirkungen des Zorns seines Herrn und floh aus Ferrara in einem bedauernswerten Zustand, ohne seine Manuskripte, ohne ausreichende Kleidung und ohne einen Funken Geld. Er scheint sich tatsächlich durch Betteln von Ferrara nach Sorrent in der Nähe von Neapel durchgebettelt zu haben, wo seine Schwester mit Marzio verheiratet war Sersale . Es lässt sich kaum eine malerischere Episode im Leben eines Dichters finden als die, in der Tasso sich seiner Schwester im Gewand eines Bettlers vorstellt. Sie empfing den unglücklichen Wanderer mit Gastfreundschaft und Zuneigung, hieß ihn in ihrem Haus willkommen und gab ihm, als er sich ausreichend von den körperlichen und geistigen Strapazen erholt hatte, um seine Angelegenheiten zu besprechen, den vernünftigen Rat, niemals an den Hof von Ferrara zurückzukehren.

Leider wurde dieser Rat abgelehnt; Aber um in unserer Einschätzung von Tassos Verhalten vollkommen richtig zu sein, müssen wir die Stellung der Literaten des 16. Jahrhunderts in Italien im Auge behalten. Das völlige Fehlen des Urheberrechts machte es selbst dem berühmtesten Schriftsteller unmöglich, aus seinen Büchern einen Nutzen zu ziehen, denn sobald sie Popularität erlangten, wurden sie auf der ganzen Halbinsel schamlos raubkopiert. Trotz ihrer enormen Beliebtheit, selbst zu ihren Lebzeiten, scheinen weder Ariosto noch Tasso jemals auch nur einen Scudo vom Verkauf ihrer Gedichte profitiert zu haben. So war ein Schriftsteller, sofern er nicht über ausreichende Mittel verfügte oder ein lukratives Amt innehatte, für seinen Lebensunterhalt vollständig von der launischen Gunst der Großen abhängig . Tasso war infolge der Schicksalsschläge seines Vaters und der Beschlagnahmung seines Eigentums absolut bar von allem, was er sein Eigen nennen konnte, und verdankte selbst das Nötigste zum Leben der Großzügigkeit des Prinzen , den sein gewalttätiges Verhalten zur Folge hatte muss zugegeben werden, zu Recht beleidigt. So groß sein Ruf auch war, er konnte durchaus bezweifeln, ob irgendein anderer Herrscher in Italien ihm nach dem rücksichtslosen und gewalttätigen Verhalten, dessen er sich schuldig gemacht hatte, auch nur ein Viertel der gleichen Gunst erweisen würde.

Was auch immer seine Beweggründe gewesen sein mögen, er schrieb immer wieder an Alfonso und die Prinzessinnen, um Vergebung für seine Fehler und die Erlaubnis zur Rückkehr zu erbitten. Eleonora allein antwortete ihm, und ihre Antwort war nicht ermutigend. Die Demütigung, zurückgewiesen zu werden, war für seinen stolzen Geist zweifellos unerträglich. Er verließ Sorrento und die Schwester, deren Zuneigung er über die Gunst der Fürsten hätte stellen sollen . Er ging direkt nach Ferrara, aber die Türen des Palastes waren vor ihm und, was sein Kummer noch verschlimmerte, vor dem Herzog verschlossen lehnte die Herausgabe seiner Manuskripte ab. Er war einsam und mittellos, und die Bitterkeit seines Sturzes wurde durch den Spott derer noch verstärkt, die ihn am Ort seiner Schande um den Glanz seines Triumphs beneidet hatten. Ohne einen Bissen Brot zu essen oder ein Dach, unter dem er Schutz suchen konnte, verkaufte er einige wertvolle Schmuckstücke, die ihm die Prinzessin Lucrezia in glücklicheren Tagen geschenkt hatte, und machte sich mit dem Erlös auf den Weg über Mantua und Padua nach Venedig .

In diesen Städten scheint er aufgrund seines dichterischen Rufs mit der Rücksicht aufgenommen worden zu sein; Dennoch stellte sich ihm in Momenten der Angst und Trübsinn die schmerzhafte Frage, wo er ein dauerhaftes Zuhause finden sollte. Seltsamerweise kam ihm Hilfe von unerwarteter Seite. Die Ehe des Herzogs von Urbino mit der Prinzessin Lucrezia war äußerst unglücklich verlaufen, und das Paar wurde nun getrennt. Dem Herzog kam wahrscheinlich der Gedanke , dass die beste Möglichkeit, das Haus Este zu verärgern, darin bestehen würde, dem Dichter seine Gunst zu erweisen, der in so großer Schande aus Ferrara vertrieben worden war, und Tasso verdankte Groll und Groll die vorübergehende Ruhepause vor dem Unglück, die ihm möglich war vergeblich um Achtung und Menschlichkeit gebeten haben.

der Herzog des launischen und gereizten Dichters überdrüssig, und Tasso hielt es für angebracht, nach Turin umzuziehen. Vom Haus Savoyen erhielt er keine Unterstützung, und erneut führte ihn sein böser Stern an den Hof von Ferrara.

Im Monat Februar 1579 kehrte er anlässlich der Hochzeit des Herzogs mit Margherita Gonzaga, der Tochter des Herzogs von Mantua, nach Ferrara zurück, als es dort am fröhlichsten war. Aber Tasso wurde mit Abscheu als Eindringling betrachtet. Er ermüdete diejenigen, die ihn nicht sehen wollten, mit langen Geschichten über seine Beschwerden und mit bitteren Beschimpfungen über die fürstliche Undankbarkeit. Diese Beschimpfungen wurden immer heftiger, bis nach einem Höhepunkt wahnsinniger Gewalt die Geduld des Herzogs erschöpft war und er den unglücklichen Dichter verhaften und in eine Zelle im Irrenhaus von Ferrara werfen ließ.

Hier schmachtete Tasso mehr als sieben Jahre lang, bis zum Juli 1586. Die eifrigsten Bewunderer des Dichters können nicht leugnen, dass er diese schreckliche Katastrophe selbst verursacht hat. Es kann dem Herzog nicht vorgeworfen werden, dass er seine Inhaftierung angeordnet hat; tatsächlich war es in seinem rasenden Geisteszustand zum Zeitpunkt der Verhaftung wahrscheinlich das Beste, was ihm passieren konnte. Wenn er nicht festgehalten würde, hätte er sich möglicherweise selbst verletzt oder sogar andere angegriffen. Wenn er einige Wochen oder sogar Monate in Gefangenschaft gehalten hätte, bis der Anfall seiner Raserei nachgelassen hätte, hätte sich der Herzog nicht den Unmut zugezogen, der später sein Gedächtnis schwärzte. Aber das Besondere an Tassos Inhaftierung war ihre lange Dauer. Eine kurze Zeit der Zurückhaltung hätte tatsächlich von Vorteil sein können, aber sieben Jahre düsterer Gefangenschaft verschlimmerten die Krankheit, die sie heilen sollten, und es ist kein Wunder, dass der Patient von wilder Erregung in mürrische Verzweiflung überging.

Es ist seinen Wärtern zu verdanken, dass er nicht mit der im Volksmund angenommenen Unmenschlichkeit behandelt wurde. Besucher wurden in seine Gegenwart aufgenommen, ihm wurde gestattet, gelegentlich Spaziergänge in der Stadt Ferrara und der Umgebung zu unternehmen ; seine Manuskripte wurden ihm zurückgegeben; es stand ihm frei, die Briefe seiner Freunde entgegenzunehmen und die ermüdenden Stunden der Gefangenschaft mit Schreiben zu verschönern. Dennoch blieb die ärgerliche Tatsache bestehen, dass er ein Gefangener war, und sein Geist, der von Natur aus zur Melancholie neigte, wurde noch mehr verdunkelt, als er die düstere Realität mit den strahlenden Hoffnungen kontrastierte, die durch die Triumphe seiner Jugend genährt wurden. Er schrieb an viele Adlige und Fürsten Italiens und flehte sie an, ihren Einfluss geltend zu machen, um seine Freilassung zu erreichen. Diese Briefe scheinen weder abgefangen noch verzögert worden zu sein. Zweifellos wurden vor dem Gericht von Ferrara starke Anträge gestellt, um die Freilassung eines so begabten und so unglücklichen Menschen zu erreichen. Unzufrieden mit seinem Ansehen und seiner Ehre erwies sich Alfonso als unflexibel, und was ursprünglich heilsame Disziplin war, wurde schließlich zu einer abscheulichen Tyrannei.

Es wurden viele unterschiedliche Meinungen darüber geäußert, ob Tasso wirklich verrückt sei. Montaigne, der zum Zeitpunkt seiner Inhaftierung in Italien unterwegs war, besuchte ihn in seiner Zelle und hinterließ eine bedauernswerte Beschreibung des apathischen Elends, in dem er ihn vorfand, als ob seine Ausdauer durch Leiden und nichts als die Benommenheit erschöpft wäre der Verzweiflung blieb. Andere verwiesen auf die Gedichte, die Essays, die Briefe, die er in der Gefangenschaft geschrieben hatte, und fragten empört, ob der Autor von Kompositionen, die so gedankenreich und so perfekt in der Diktion waren, möglicherweise verrückt sei? Er war zweifellos eigenartig; aber er hatte seine Fehler durch schweres Leiden gesühnt, und war es nicht vernünftig anzunehmen, dass er eine heilsame Lektion gelernt hatte und, wenn er wieder in die Freiheit zurückkehrte, die bedauerlichen Torheiten der Vergangenheit nicht wiederholen würde?

Diese Rücksichtnahme veranlasste Alfonso nach so vielen Jahren zweifellos zur Gnade, und als sein Schwager Vincenzo Gonzaga für den glücklosen Dichter Fürsprache einlegte, stieß er nicht auf die harte Ablehnung, die andere erfuhren, sondern erhielt sie konnte sich rühmen, dass er als einziger von so vielen Bittstellern Tassos Freilassung erreicht hatte.

Die Tür der Zelle, in der der Autor der *Gerusalemme* so viele Jahre lang schmachtete, wurde geöffnet, und er konnte gehen, wohin er wollte. Wie man sich vorstellen kann, wurde er von seinem Wunsch geheilt, am Hof von Ferrara zu erscheinen, und verließ die unwirtlichen Herrschaftsgebiete, um nie wieder zurückzukehren.

Vincenzo Gonzaga brachte ihn nach Mantua, wo er unmittelbar nach seiner Freilassung die Zeit verbrachte. Aber die Reaktion war nach so langer Zeit des Elends zu anstrengend für seinen geschwächten Körper. Er verließ die glitzernden Kreise von Mantua, um mit einigen seiner Verwandten einen ruhigeren Rückzugsort in Bergamo zu verbringen. Hier vollendete er seine Tragödie von *Torrismondo* , die er viele Jahre zuvor begonnen, aber beiseite geworfen hatte, zunächst, weil er mit der mühsamen Aufgabe seines großen Epos beschäftigt war, und dann, weil sein eigenes Leben in eine Tragödie geriet, die weit über die mimischen Sorgen der Bühne hinausging .

In Bergamo erfuhr er, dass sein Befreier Vincenzo Gonzaga die Herrschaft über das Herzogtum Mantua übernommen hatte. Etwas von seiner alten Hoffnung auf höfischen Erfolg erwachte im verwundeten Herzen von Torquato wieder zum Leben . Er verließ seinen Wohnsitz in der Provinz und eilte zum Palast seines Wohltäters, um ihm die Widmung *Torrismondos* zu Füßen zu legen. Er träumte zweifellos von reichen Ämtern und erfreulichen

Auszeichnungen. Aber leider! Vincenzo, freundlich und menschlich gegenüber dem Gefangenen, scheint dem Höfling gegenüber taub gewesen zu sein. Tasso hatte die unglückliche Gabe, seine Anwesenheit für seine Gäste lästig zu machen. Die Nachlässigkeit des Herzogs verletzte ihn bis ins Mark, und so verlor er keine Zeit und verließ Mantua, um sich nach Rom zu begeben. Aber hier erwarteten ihn neue Demütigungen. Kardinal Scipio Gonzaga brachte ihn in seinem Palast unter, war aber weder herzlich noch zuvorkommend. Wahrscheinlich weckte die Angst, dass sein Wahnsinn erneut ausbrechen könnte, den Wunsch, ihn auf Distanz zu halten. Sixtus der Fünfte, der damals den päpstlichen Stuhl innehatte, interessierte sich nicht für Literatur und schenkte ihm keine Aufmerksamkeit, und die Gesellschaft der Hauptstadt folgte dem Beispiel des Papstes.

Er verließ Rom mit noch größerer Enttäuschung, als er beim Verlassen von Mantua empfunden hatte. Er eilte nach Neapel, wo er keinen Grund hatte, sich über den Empfang zu beschweren, der ihn erwartete, denn er wurde von Beweisen der Bewunderung und Zuneigung überwältigt. Aber Kummer, Gefangenschaft und Seelenqual hatten ihr böses Werk getan; er war nur noch das Wrack seiner selbst, und er konnte die Süße des Lobes ebenso wenig ertragen wie die Bitterkeit der Vernachlässigung. Er floh vor der Freundlichkeit der Neapolitaner und huschte in einer ermüdenden Pilgerfahrt von Ort zu Ort, ohne Glück und ohne Ruhe. Das Wunder ist, woher in seinem mittellosen Zustand das Geld kam, das ihm die Reise ermöglichte. Sein Geist und seine Gesundheit waren in einem erbärmlichen Zustand. Misstrauisch und melancholisch stieß er selbst diejenigen ab, die sein Genie am meisten bewunderten und sein Unglück bemitleideten, und sein ständiges Gefühl der Verletzung steigerte die geringste Beleidigung in bittere Unfreundlichkeit. Aber trotz quälender Gedanken und beunruhigender Wanderungen ruhte seine Feder nie. Er vollendete die *Gerusalemme Conquistata* , diese unglückliche „Verbesserung“ seines Meisterwerks, die nie erwähnt, aber bedauert wird; Er schrieb ein langes Gedicht in leeren Versen über die Schöpfung, Dialoge und Essays in Hülle und Fülle und unzählige Briefe. Tatsächlich war er sein ganzes Leben lang ein unermüdlicher Korrespondent, und er schien nie daran zu zweifeln, dass die Ergüsse, die er über sein Unrecht und seine Beschwerden äußerte, für die Empfänger ebenso interessant sein würden wie für ihn selbst. Einige dieser Briefe sind edel und berührend, aber zu viele verraten einen Geist, der vom ständigen Grübeln über sein Unglück geschwächt und geschwächt ist. Aber angesichts eines solchen Unglücks können wir nur Mitleid haben, wir können es nicht verurteilen.

So groß seine Fehler auch waren und wie eigensinnig sein Temperament auch war, er war ein Mann, auf den sein Land Grund hatte, stolz zu sein, und es ist erfreulich, berichten zu können, dass ihm für all seine Taten eine verspätete Anerkennung zuteil werden sollte mit dem er die Literatur Italiens bereichert hatte. Kardinal Aldobrandini war auf den päpstlichen Stuhl erhoben worden und hatte den Namen Clemens VIII. angenommen, und er und seine Neffen waren bestrebt, sein Pontifikat durch die Wiederbelebung der Krönung Petrarcas im Kapitol zugunsten eines nicht weniger berühmten und unglücklicheren Dichters zu bekräftigen . Dementsprechend wurde Tasso nach Rom gerufen und vor den Toren von einer riesigen Menschenmenge und einer strahlenden Galaxie von Kardinälen, Prälaten und Adligen empfangen. Aber sein Körper war erschöpft, und die Aufregung über diesen großartigen Empfang erweckte kaum genügend Lebendigkeit, um den Umstehenden das schnelle Herannahen des Todes zu verheimlichen. Er wurde in einer vornehmen Suite im Vatikan untergebracht; Der Dichter, der so viele Jahre in der Zelle eines Verrückten verbracht hatte, fand sich als Ehrengast im Papstpalast wieder.

Aber der Zustand und die Zeremonie, mit denen er umgeben war, waren mehr, als seine schwindende Kraft ertragen konnte. Religiöse Gefühle hatten schon immer einen starken Einfluss auf seinen sensiblen Geist gehabt, und als er nun spürte, dass sein Ende nahte, zog er sich in das Kloster Sant'Onofrio zurück , das auf einer Anhöhe außerhalb der Stadt lag. Hier wartete er im Gebet und in der Meditation andächtig darauf, von all seinen Sorgen befreit zu werden. Die Mönche kümmerten sich mit Sorgfalt und Fleiß um ihn; Von ihm wird jedoch berichtet, dass seine alten Vermutungen durch Anfälle wieder auflebten, und einmal zwang er seinen Begleiter, die Medizin zu schlucken, die er einnehmen sollte, um einen Augenbeweis dafür zu haben, dass sie nicht vergiftet war.

Erschöpft von seinen vielen Leiden verstarb er friedlich am 25. April 1595, einen Tag bevor er den Lorbeer im Kapitol entgegennehmen sollte. Aber er hat es wahrscheinlich nicht bereut, dass der Tod ihn daran gehindert hat, dieses Symbol der Größe zu genießen. Wie Leopardi, der selbst mit Trauer nicht weniger vertraut ist, wunderschön sagt:

> „ Morte domanda
> Chi nostro mal conobbe e non ghirlanda .“

Es liegt eine besondere Berechtigung darin, dass ein Dichter, dem so viel Unglück zugefügt wurde, nicht dazu bestimmt war, den Kranz eines Eroberers zu tragen. Friedlich nach so viel Aufregung, ruhig nach so bitterem Groll, ließ er sich in diesem abgelegenen Kloster nieder und lag dreizehn Jahre lang in der an den stillen Kreuzgang angrenzenden Kirche, ohne einen Stein, der seine Ruhestätte markierte, bis Kardinal Bonifazio Bevilacqua einen erweckte edles Denkmal zu seinem Gedenken, das der Besucher noch heute sehen kann, wenn er sich auf den Weg nach Sant'Onofrio macht, um so viel Ruhm, der mit so viel Unglück verbunden ist, mit einem Seufzer zu würdigen.

Tasso war groß und aktiv; Sein Gesichtsausdruck war schön, wenn auch in späteren Jahren stark von Melancholie getrübt. In seiner Jugend war er ein erfahrener Schwertkämpfer und beherrschte alle Körperübungen.

Die Wechselfälle seines Lebens bieten so malerisches Material für Erzählungen und Beschreibungen, dass wir uns nicht wundern können, dass es zu einem Lieblingsthema von Dichtern und Biographen wurde. Das edle Schauspiel Goethes ist allen Liebhabern der Poesie bekannt. Der früheste seiner Biographen war Manso , ein neapolitanischer Adliger, der das einzigartige Glück hatte, im Laufe seines langen Lebens der Freund von drei berühmten epischen Dichtern, von Tasso selbst, von Marino und dem größten von allen zu sein: Milton, dessen Bekanntschaft er während der Reisen des englischen Dichters in Italien machte. Tasso erwähnt ihn in der *Gerusalemme Konquistata* :

> „Fra cavalier magnanimi e cortesi
> Risplende il Manso .“

Marino ließ seine Lobeshymnen nicht unerwähnt, und Milton wandte sich in einem seiner schönsten lateinischen Gedichte an ihn. Er muss bemerkenswerte Eigenschaften gehabt haben, die ihn bei so bedeutenden und so unterschiedlichen Männern beliebt machten; aber seine Biographie, wahrscheinlich weil es die erste war, gab Anlass zu vielen Legenden, die sich bis heute wiederholen. Er scheint etwas leichtgläubig gewesen zu sein und sich zu sehr auf die Aussagen Tassos selbst verlassen zu haben, ohne der wilden und hitzigen Fantasie seines Informanten zu misstrauen.

Der Abbé Serassi tat in seiner 1785 veröffentlichten Biographie das, was Manso versäumt hatte. Er sichtete die Beweise und prüfte die Dokumente; und gab der Welt ein Bild, das der Wahrheit viel näher kam, als bisher dargestellt wurde; aber es war der unermüdlichen Arbeit von Angelo Solerti vorbehalten , eine wirklich umfassende Geschichte des Dichters zu schreiben.

Man muss zugeben, dass wir ein gewisses Gefühl der Enttäuschung verspüren, wenn wir uns von Tassos Leben, das so voller Leidenschaft und Romantik ist, seiner Poesie zuwenden. Wäre er nicht ein so auffallendes Objekt der Sympathie und des Interesses gewesen, könnte man bezweifeln, ob seine Werke so viel Aufmerksamkeit erregt hätten, wie sie es tatsächlich taten. In Anbetracht der vielfältigen Lebensperspektiven, die sich vor ihm boten, und der seelischen Leiden, die er durchlitten hatte, stößt er nicht auf die Tiefe leidenschaftlicher Meditation, die man erwarten könnte. Welche

Spuren davon vorhanden sind, findet man eher in seinen Briefen als in seinen Gedichten. Diese Tatsache ist sehr seltsam und weist auf die Grenzen seines Talents hin. Er verfügte in seinem Leben über ausreichende Materialien, um ihn zu großartigen lyrischen Gedichten zu inspirieren, und dennoch finden wir in seinen Oden, Sonetten und Madrigalen nichts, was sich mit den schönsten Passagen von Petrarca, Leopardi oder sogar Filicaia vergleichen ließe . Keines seiner kürzeren Gedichte beeindruckt den Leser unauslöschlich: Keines strahlt mit der Intensität lyrischen Feuers.

Da wir ihm nicht den Titel eines großen Lyrikers geben können, fragen wir, ob er ein großer epischer oder ein großer dramatischer Dichter war.

Es gibt vier seiner Erzählgedichte; der *Rinaldo,* der *Gerusalemme Liberata* , die *Gerusalemme Conquistata und* die *Sette Giornate del Mondo Creato* , ein langes Werk in Blankversen zum Thema der Schöpfung. Sein *Rinaldo* ist bemerkenswert, weil er in so früher Jugend geschrieben wurde; sein *Gerusalemme* Selbst seine Bewunderer gaben zu, dass *Conquistata ein völliger Fehlschlag war.* Es gibt nur eine bemerkenswerte Passage, eine Prophezeiung des Bösen für das Haus Bourbon, die die Verbrechen und Schrecken der Französischen Revolution eindeutig vorherzusagen scheint und die es verdient, neben der berühmten Vorhersage der Entdeckung Amerikas zu den poetischen Prophezeiungen gezählt zu werden die Tragödie von *Medea* , die Seneca zugeschrieben wird. Die *Sette Giornate* gab Milton einige Hinweise, als er zur Beschreibung der Erschaffung der Welt in *Paradise Lost kam.* Es hat jedoch keinen intrinsischen Grund, es zu empfehlen, da es im höchsten Maße schwerfällig und uninteressant ist. Diese drei Gedichte hatten kaum genug Lebendigkeit, um sie bis zum Ende des Jahrhunderts, in dem sie geschrieben wurden, am Leben zu erhalten, und für moderne Leser sind sie ziemlich tot. Und doch waren die Themen von ausreichendem Interesse, um hervorragende Gelegenheiten zu bieten, die Fähigkeiten eines großen Schriftstellers zu demonstrieren. Wir kommen nicht umhin, die Frage zu stellen: Kann er ein großer Dichter sein, der solch brillante Gelegenheiten ungenutzt ließ?

Sein pastorales Stück „Aminta" *hat* viel Süße und Frische im Stil; Seine Tragödie *Torrismondo hat einige Züge* , die uns zu der Annahme verleiten, dass er unter glücklicheren Umständen und mit einem Geist, der weniger mit seinen eigenen Nöten beschäftigt wäre, ein guter Dramatiker hätte werden können; aber die Hirten und Nymphen der *Aminta* erscheinen den heutigen Lesern langweilig und mürrisch; und der *Torrismondo* hat nicht die überzeugende Kraft, die eine Tragödie besitzen sollte.

In all diesen lyrischen, epischen und dramatischen Werken ist Tassos Stil, obwohl er in den früheren Produktionen süß und fließend war, seltsamerweise ohne Originalität und daher ohne Farbe ; und kein Schriftsteller war tiefer von der konventionellen Ausdrucksweise der Poesie seiner Zeit durchdrungen. Denken und Stil sind gleichermaßen frei von jenen lebendigen Akzenten, die Bewunderung hervorrufen und Unsterblichkeit gewährleisten. Wir haben den Eindruck, dass der Dichter nicht seine ganze Geisteskraft auf seinen Vers konzentriert und dass seine Aufmerksamkeit weitgehend auf etwas anderes gerichtet ist. Dieser Mangel an voller Kraft ist in seinen Gedichten die einzige Spur der Unordnung seines Geistes. Viele Dichter, deren geistige Gesundheit nie in Frage gestellt wurde, haben Passagen, die weitaus krankhafter und exzentrischer sind als alle, die auf Tassos Seiten zu finden sind. Er gibt sich nie wilden Höhenflügen hin , die Ordnung seiner Gedanken ist die Klarheit selbst; und es gibt keine inkohärenten und nur sehr wenige übertriebene Metaphern. Im Gegenteil, sie würden lieber durch etwas mehr Unregelmäßigkeit gewinnen. Sie sind so logisch durchdacht, dass sie manchmal fast zur Verzweiflung führen.

Daraus wird ersichtlich, dass sein Anspruch, als großer Dichter zu gelten, ausschließlich auf *Gerusalemme beruht Liberata* .

Beim Betrachten dieses berühmten Gedichts muss der erste Gedanke, der dem Leser in den Sinn kommt, die äußerst glückliche Wahl des Themas sein. Es war unkompliziert; es war malerisch; es war edel. Wir können uns des Gefühls nicht erwehren, dass Ariosto manchmal von den frivolen Geschichten, die er erzählt, heruntergezogen wird; Wir können uns des Gefühls nicht erwehren, dass Tasso von den großartigen Episoden, die er zu erzählen hat, getragen und inspiriert wird. Er imitiert Passagen von Homer und Vergil ein wenig zu sehr, aber zu seiner Zeit war eine solche Nachahmung allgegenwärtig und wird in seinem Fall geschickt ausgeführt. Die orientalische Farbgebung der Szenen in Palästina und Syrien ist vielleicht nicht sehr lebendig, aber sie ist durchaus so lebendig, wie seine Zeitgenossen es erwartet hatten. Im Großen und Ganzen wäre es hart zu leugnen, dass er seinem Thema gerecht geworden ist, und in einer Hinsicht verdient er höchstes Lob: Er verleiht seinen Charakteren ein menschliches Interesse und einen Hauch von Realität, der nicht hoch genug gelobt werden kann. Ariosto behandelt seine Figuren oft nur als Marionetten und ist selbst der Erste, der über sie lacht. Ganz anders ist die Einstellung Tassos zu seinen Kreationen. Er glaubt mit unerschütterlicher Aufrichtigkeit an sie und er liebt sie, weil er an sie glaubt. Erminia, Sophronia , Armida, Rinaldo, Goffredo , Tancredi , sie alle stehen im Leben vor uns, bewegend und atmend. Wie Goethe in seinem Theaterstück zum Thema Tasso sagt:

> „Es sind nicht Schatten die der Wahn erzeugte
> ;
> Ich weiß es, sie sind ewig , denn sie sind .
>
> ["Sie sind keine Schatten, die durch Illusionen

geschaffen wurden; ich weiß, dass sie für
immer leben , denn sie leben."]

Diese großartige Qualität erklärt zweifellos die allgemeine Beliebtheit der
Gerusalemme . Dieses Gedicht drang sogar bis in die Gesellschaftsschichten
vor, an die sich literarische Dichter in der Regel vergeblich wenden. Einzelne
Passagen wurden vertont und vom Volk wie Balladen gesungen. Zwei
Jahrhunderte lang betörten die Gondolieri ihre Arbeit mit den musikalischen
Strophen des unglücklichen Dichters. Wer erinnert sich nicht an Byrons
Zeilen?—

> „In Venedig gibt es keine Echos mehr von
> Tasso,
> und der liedlose Gondoliere rudert still.“

Wann sie zum ersten Mal vernachlässigt wurden, ist nicht überliefert. Sie
scheinen nur mündlich überliefert worden zu sein. Unweigerlich schlichen
sich Veränderungen ein, und sie verloren ihre Genauigkeit und damit auch
ihren Charme.

Tasso schrieb in derselben Strophe wie Ariosto und konnte ihm in mancher
Hinsicht durchaus ähneln. Sie sind beide klar, schnell und musikalisch. Aber
der Stil des früheren Dichters ist reicher, kräftiger, origineller und meiner
Meinung nach trotz eines gelegentlichen Mangels an Zärtlichkeit wirklich
poetischer. Tasso gibt sich allzu oft den Konventionen und Gemeinplätzen
hin , wodurch er schwach und unscheinbar wird. Um Beispiele für die beiden
Dichter zu geben, werde ich jeweils eine Passage zitieren.

ARIOSTO.

Ein feindliches Schiff nähert sich unvorsichtig der Flotte Karls des Großen.

> „ Quivi il nocchier , eh' ancor non s'era Accorto
> Degl ' inimici , betreten mit der Galea,
> Lasciando geschmolzen miglia addietro il porto
> D'Algieri , ove calar prima volea ,
> Per un vento Gagliardo ch 'era sorto ,
> E spinto oltre il dover la poppa avea .
> Venir tra ich suoi credette , e in loco fido,
> Come vien Progne al suo Loquace nido .
>
> Ma kam poi l'imperiale Augello ,
> ich gigli d'oro , e i pardi vide appresso ,
> Restò pallido in faccia , come quello
> Che 'l piede incauto Improvisation ha messo
> Sopra 'l serpente venenoso e guy ,
> Dal pigro sonno in mezzo l'erbe oppresso ;

Che spaventato e smorto si Ritira ,
Fuggendo quel ch'è pien di tosco e d'ira ."

„ *ORLANDO FURIOSO* ", c. xxxìx , st. 31 ani 32.

TASSO.

Die Sarazenen hörten von den Mauern Jerusalems aus in der Ferne den Chor der Kreuzfahrer.

" Cola s'invia l'esercito canoro ,
E ne suonan le valli ime e profonde,
E gli alti colli e le spelonche Loro ;
E da ben mille parti Eco risponde ;
E quasi par che boschereccio Coro
Fra Quegli antri si celi e quelle fronde ,
Si chiaramente Replikar s'udia
Oder di Cristo il gran nome oder di Maria.

Lärm sulle mura ad ammirar frattanto
Cheti si Stanno und Attoniti i Pagani
Que' tardi avvolgimenti , e l'umil canto,
E l'insolite Pompe e i Riti estrani .
Poi che cessò Dello spettacol santo
La novitate , i miseri profani
Alzâr le strida ; Und ich besiege
und überquere den Fluss , das große Tal und den Berg."

„ *GERUSALEMME LIBERATA* ," c. xv, st. 11 ani 12.

Tassos Stil hat eine pathetische Ausstrahlung, die auf den ersten Blick sehr einnehmend ist; aber wenn wir es genau untersuchen, entdecken wir gewisse Schwächen, die im Stil von Ariosto nicht entdeckt werden können. Die grandiose Passage des *Orlando Furioso* ist fehlerfrei und nicht verbesserungswürdig. Das Gleiche gilt nicht für die Strophen der *Gerusalemme* , so musikalisch sie auch sind. Wir können sicher sein, dass sich Ariosto niemals der schwachen Wiederholung des schwachen Beinamens „*gran nome , gran valle* " schuldig gemacht hätte.

Es ist seinem Pathos zu verdanken, dass Tasso in der Übersetzung so viel weniger verliert als Ariosto. Alle Wiedergaben des *Orlando Furioso* , die ich gesehen habe, sind etwas farblos , sogar die elisabethanische Übersetzung von Harrington und sogar die sorgfältige und genaue Übersetzung von Rose. Die deutschen Übersetzungen von Griess und Donner sind angesichts der großen Schwierigkeiten der Aufgabe so bewundernswert, wie sie nur sein können, aber selbst ihnen gelingt es nicht ganz, die exquisite Flexibilität von Ariosts Stil zu reproduzieren. Tasso, in vielerlei Hinsicht der unglücklichste aller Dichter, hatte außerordentliches Glück mit den Übersetzern, die ihn fremden Nationen vorstellten. Er wurde mit großem Erfolg und ohne bemerkenswert geringen Verlust an Geist und Schönheit in viele Sprachen übersetzt. Die früheste englische Wiedergabe, die von Fairfax, ist die beste. Es ist nicht immer peinlich genau, aber herrlich frisch, kraftvoll und musikalisch. Ich werde eine der erfolgreichsten Passagen anfügen, die dem Leser einen positiven Eindruck von den Fähigkeiten von Fairfax und von den Gedanken und Vorstellungen des berühmten italienischen Dichters vermitteln wird, der trotz der Mängel, die gelegentlich seine Qualitäten beeinträchtigen, berühmt ist.

Die christlichen Ritter sind auf der Suche nach Rinaldo und finden ihn im verzauberten Palast von Armida.

(GERUSALEMME LIBERATA , CANTO XVI.)

I.

Der große Palast ist reich und rund
gebaut , und in der Mitte der innersten Festung
liegt ein süßer Garten auf fruchtbarem Boden, schöner als der, in
dem die goldenen Bäume wuchsen. Die schlauen Geister ließen
Gebäude errichten umher,mit Türen und Eingängen, die
tausendfach falsch sind.
Sie machten diese Festung zu einem Labyrinth,
wie Daedals Gefängnis oder Porsennas Grab.

II.

Die Ritter gingen durch das größte Tor der Burg (obwohl rund
hundert Tore glänzen). Substanz fein, denn alle Formen in diesem
reichen Metall geschmiedet, abgesehen von der Rede, der lebenden
Körper wollten nichts .

III.

Alcides saß dort und erzählte Geschichten und wirbelte zwischen
den schwachen Scharen sanfter Jungfrauen herum;
(Er, dass die feurigen Tore der Hölle siegt hatten und der Himmel
sie aufrechterhielt); Die falsche Liebe stand daneben und lächelte.
Bewaffnet mit seiner Keule rannte der schöne Iole los,

seine Keule war mit dem Blut von Monstern befleckt; und auf ihrem
Rücken trug sie das Fell seines Löwen, eine zu raue Rinde für einen
so zarten Baum.

IV.

Dahinter wurde ein Meer geschaffen, dessen azurblaue Flut und der
graugraue Schaum, der von den Wellen blau zermalmt wurde, darin
zwei Flotten großer, weiträumiger kriegerischer Schiffe standen
, aus deren Armen Feuer flog; warf;
Cæsar bringt seine Römer daher, die asiatischen Könige,
von dort Antonius und die indischen Prinzen;

V.

Die Kykladen schienen mitten im Haupt zu schwimmen,
und Hügel gegen Hügel und Berge gegen Berg schlugen;
Mit solch großer Wut trafen diese beiden Armeen aufeinander, hier
brannte ein Schiff, dort sank eine Barke oder ein Boot; hier flogen
Pfeile und Lauffeuer, dort ertranken oder getötet,
von toten Prinzen flogen die Leichen und schwammen;
Hier siegt Cäsar , und dort wurden die östlichen Schiffe erobert
, dorthin floh die ägyptische Königin.

VI.

Antonius machte sich auf die Flucht und verlor das Imperium, nach
dem er streben wollte. Doch floh er nicht, noch ließ er die Flucht
aus Angst im Stich, sondern folgte ihr, angetrieben von zärtlichem
Verlangen. Nun könntest du in seinem besorgten Blick erkennen,
dass er strebt und kämpft Liebe, Mut, Scham und Zorn; oft schaute
er zurück, oft blickte er auf den Kampf, aber noch öfter auf seine
Geliebte und ihre Flucht.

VII.

Dann würde er in den geheimen Bächen des fruchtbaren Nils, in
ihren Schoß geworfen, den traurigen Tod erwarten. Und in der
Freude ihres schönen Lächelns den bitteren Schlag des verfluchten
Schicksals versüßen. All dies hat Kunst mit neugieriger Hand im
reichen Metall dieses fürstlichen Tores zusammengestellt. Die Ritter
sahen sich diese Geschichten zuerst und zuletzt an; als sie sie sahen,
drängten sie vorwärts und gingen weiter.

VIII.

Wie durch seinen Kanal gleitet der krumme Mäander
mit Windungen und Windungen und rollt jetzt hin und her , dessen
Bäche dort hinaus zu den salzigen Meeresufern fließen, hier zurück
kehren und zu ihrer Quelle gehen; solche krummen Pfade, so Wie
sich dieser Palast verbirgt; doch das ganze Labyrinth ist auf ihrer
Karte so beschrieben, dass sie in Ordnung durch das Labyrinth
gehen, wie Theseus es nach Ariadnes Linie tat.

IX.

Als sie all diese beschwerlichen Wege hinter sich gelassen hatten,
breitete der süße Garten sein Grün aus, um es zu zeigen; Der sich
bewegende Kristall aus den Brunnen spielt: Schöne Bäume, hohe
Pflanzen, seltsame Kräuter und neue Blumen,
sonnenglänzende Hügel, Täler, die vor Phoebus verborgen waren .
Rochen,
Haine, Lauben , moosige Höhlen, die sie sehen;
Und was die größte Schönheit, das größte Wunder brachte,
nirgendwo erschien die Kunst, die all dies hervorbrachte.

X.

So vermischte sich das Unhöfliche, das Geschliffene, Dass alles und
jeder Teil natürlich schien. Die Natur würde im Fälschen vorgehen
und ihre Nachahmungskunst nachahmen. Mild war die Luft, die
Wolken waren klar wie Glas, Die Bäume kein Wirbelsturm Ich habe
noch keinen Sturm gespürt, aber bevor ihre Früchte abfallen,
kommt die Blüte, dies entspringt, das fällt, das reift und das blüht.

XI.

Die Blätter auf demselben Ast versteckten sich, neben der jungen,
der alten und reifen Feige. Hier war die Frucht grün, dort reif mit
vergoldeter Seite, die neuen und alten Äpfel wuchsen auf einem
Zweig. Der fruchtbare Weinstock breitete ihre Arme hoch und aus
breit, die sich unter ihren großen Trauben krümmten; die Trauben
waren hier zart, hart, jung und sauer, dort purpurn, reif und süßer
Nektar ergoss sich.

XII.

Die fröhlichen Vögel, die sich im Schatten des grünen Waldes
versteckten, sangen viele Töne auf jedem Ast und Ast; der Wind,
der in den Blättern und Wassern spielte, sang bald mit süßem
Murmeln und pfiff bald; die Vögel verstummten, der Wind gab eine
laute Antwort, und während Sie sangen, es grollte leise und leise. Ob
nun Zufall oder List, Zufall oder Kunst, der Wind in dieser
seltsamen Musik trug seinen Teil.

XIII.

Mit farbenfrohen Federn und purpurnem Schnabel
flog ein wundersamer Vogel unter den anderen, der in klarer
Sprache laut und schrill
Liebeslieder sang. Ihr Leden [1] war wie die wahre menschliche
Sprache;
Sie redete so viel und mit so viel Witz und Geschick, dass es seltsam
schien, wie viel Gutes sie wusste. Ihre gefiederten Gefährten
standen alle schweigend da, um zu hören: Stumm war der Wind, das
Wasser war still.

XIV.

„Die sanft sprießende Rose (sagte sie) siehe,
der erste Duft lugt mit jungfräulichen Strahlen hervor, halb offen ,
halb geschlossen, ihre Schönheiten entfalten sich
in ihren teuren Blättern, und weniger gesehen erscheint sie schöner;
und danach breitet er sie breiter aus." und kühn, dann schmachtet
und stirbt in den letzten Extremen;
auch scheint es nicht dasselbe zu sein, das Bett und Laube vieler
später und geliebter Damen geschmückt hat;

XV.

„So vergeht im Laufe eines Tages die Knospe und Blüte des Lebens
des Menschen, noch e Es gedeiht mehr, aber wie das umsonst
Abgehauene wird es verdorrt, blass und fahl; Oh, sammle dann die
Rose, solange du Zeit hast: Kurz ist der Tag, vorbei, als er kaum
begonnen hat; Sammle die Rose der Liebe, die du noch haben
kannst 'st ;
Lieben, geliebt werden; Umarmend, umarmt werden."

XVI.

Sie verstummte, und als sie alles anerkennend sprach, erneuerte der
Vogelchor seine himmlische Melodie; keusche und störrische Eiche,
und alle sanften Bäume auf der Erde, die wuchsen, es schien, als ob
das Land, das Meer und der Himmel darüber säßen, alle atmeten
fantasievolle Süße aus und seufzten Liebe.

XVII.

Durch all diese Musik seltene und starke Zustimmung seltsamer
Verlockungen, süßes Bove Gemeinheit und Maß,
streng, fest, beständig, immer noch zogen die Ritter aus und
verhärteten ihre Herzen gegen falsches, verlockendes Vergnügen.
Sie
drehten Blatt um Blatt vor ihren Augen, bevor sie schickten, und
schlichen danach in Ruhe und Muße, bis sie die Königin sitzen
sahen mit ihrem Ritter. Am See, im Schatten von Ästen, die man
nicht sehen kann.

* * * * * * * XXVII.

Die beiden, die sich in den Büschen versteckten, waren, bevor der
Prinz in glitzernden Armen erschien.

XXVIII.

Als das wilde Ross für die Ewigkeit aus dem Krieg zurückgezogen
wurde ‚Worin das herrliche Tier immer gesiegt hat‚Dass in
abscheulicher Ruhe, vor Schrecken weit zurückgezogen, mit den
Stuten auf freiem Fuß weidet, nachdem sein Dienst getan ist: Wenn
er den Trompetenstoß mit den Waffen sieht oder hört, Wiehert Er
laut und rennt schnell dorthin,
Und wünscht auf seinem Rücken den bewaffneten Ritter, der
sich nach Turnieren, Turnieren und Kämpfen sehnt:

XXIX.

So erging es Rinaldo, als das herrliche Licht ihres hellen Geschirrs in
seinen Augen glitzerte. Sein edler Geist erwachte bei diesem
Anblick. Sein Blut begann sich zu erwärmen, sein Herz begann sich
zu erheben Tugend liegt. Ubaldo trat vor und hielt ihm den klaren,
reinen und kostbaren Schild voller Diamanten entgegen.

XXX.

Mit erstaunten Blicken beugte er sich über die Zielscheibe, und
darin erspähte er sein ganzes mutwilliges Habitus, Sein Zibetöl, sein
Balsam und seine wohlriechenden Düfte, wie aus seinen Locken
rauchten und sein Mantel sich weitete, sein Schwert, das so mancher
heidnische Stout hervorgeworfen hatte , [2]
Mit Blumen umwickelt Er hing träge an seiner Seite und war
so schön geschmückt, dass es schien, als hätte der Ritter
ihn aus Modegründen getragen, aber nicht aus Kampfgründen.

XXXI.

Wie ein aus Schlaf und müßigen Träumen verlorener Mensch [3]
einen erwachten Mann wieder zu Verstand bekehrt, so spielte er, als
er sein Gewand betrachtete, konnte sich aber dennoch nicht
ertragen; seine Blicke warf er nach unten, und er sagte
nichts : Betrübt, beschämt , traurig, er wäre am liebsten gestorben ;
Und oft wünschte er, die Erde oder der Ozean würden ihn
verschlingen, und so verbergen sich seine Fehler.

XXXII.

Ubaldo nahm sich die Zeit und begann so: „Ganz Europa und
Asien befinden sich jetzt im Krieg, und alles, was Christus verehrt
und Ruhm gewonnen hat, ist in der Schlacht stark, in Syrien
kämpfen sie;
aber du allein, Bertoldos edler Sohn,
hält diese kleine Ecke fern von der Verbannung." Die ganze Welt,
begraben in Trägheit und Schande, Ein

Teppichkämpfer

für eine mutwillige Dame !
Welches Faultier steckst du an? Auf! hoch! Unser Lager und
Gottfried senden dir Glück, Lob und Sieg. Komm, tödlicher
Champion. Bringe dieses Unterfangen zu einem glücklichen Ende
und führe die ganze Sekte (die du oft erschüttert hast) mit voller
Kraft auf die Erde. Schlage nieder, töte

,

stürzt , beschämt, aber als die Schande der bloßen Verachtung Platz

machte und der wilden Verachtung Platz machte, die aus
ungezähmtem Mut entsprang, errötete eine weitere Röte durch sein
Gesicht,
wo würdiger Zorn aufleuchtete, Unmut flammte;
sein schönes Gewand zerriss und zerriss er verächtlich, denn er war
seiner Diese Zeugin

trug eine abscheuliche
Knechtschaft ;

_
_ Kurz, dass ihr lieber Herr geflohen war; dann sah sie deutlich (Ah!
trauriger Anblick!), wie der Mann in Eile und Angst, in Zorn und
Zorn aus ihren Toren rannte.

[1] Leden – *Sprache.*

[2] Shent – *Iniured .*

[3] Abrayed – *Erwacht.*

[4] Anhängen – *gebunden.*

KAPITEL X.

MARINO, CHIABRERA, FILICAIA UND ANDERE DICHTER DES SIEBZEHNTEN JAHRHUNDERTS.

Die Annalen Italiens im 17. Jahrhundert waren nicht von so schrecklichen Katastrophen geprägt wie die des 16. Jahrhunderts. Das Land wurde durch die Invasion ausländischer Eroberer nicht verwüstet. Rom wurde kein zweites Mal geplündert. Florenz wurde nicht von zivilen Meinungsverschiedenheiten erschüttert. Aber die Nation war im Herzen krank und die Tyrannei ihrer Herrscher ließ nur die Wahl zwischen Unterwerfung oder Tod. Die Lombardei, Neapel und Sizilien ächzten unter dem eisernen Joch Spaniens. Die kleinen Herrscher herrschten mit unverantwortlichem Despotismus über ihre Herrschaftsgebiete. Venedig und Genua prahlten damit, frei zu sein; aber die Freiheit Venedigs bestand in der Herrschaft einer misstrauischen Oligarchie, die zwar frei von mutwilliger Unterdrückung war, ihre Herrschaft jedoch durch gnadenlose Bestrafung der geringsten Unzufriedenheit aufrechterhielt. Der Kirchenstaat war erschöpft in seinem Bemühen , für den Glanz der Familien einer raschen Abfolge von Päpsten zu sorgen , denn nie war die Vetternwirtschaft so weit verbreitet wie im 17. Jahrhundert und den berühmten Häusern Roms, den Aldobrandini , den Borghese und den Pamphili Die Barberini , die Chigi , die Altieri, die Odescalchi und die Albani datieren ihre Größe aus dieser Epoche. Die katholische Reaktion nach der Reformation etablierte einen starren theologischen Kodex, von dem es fatal war, davon abzuweichen. Leo Der einzige Aufstand zugunsten der Freiheit war der von Masaniello in Neapel, der eher ein Aufruhr als eine Rebellion war. Dennoch sehnten sich einige große Geister nach glücklicheren Dingen, und die schönsten Gedichte des Jahrhunderts wurden vom Feuer des Patriotismus entfacht.

Es war schon immer die Politik der Despoten, ihren Untertanen reichlich Vergnügungen zu bieten. Dementsprechend finden wir im 17. Jahrhundert Aufzeichnungen über prächtige Festspiele und brillante Theaterunterhaltungen, und der bereits schwindende Reichtum der Nation wurde durch die rücksichtslose Verschwendung von Regierungen und Einzelpersonen weiter erschöpft. Die italienische Oper entstand Anfang des Jahrhunderts und RINUCCINI war der erste Librettist. Das Theater fesselte immer mehr die Aufmerksamkeit der Schriftsteller, aber es kam nichts Bemerkenswertes heraus, mit Ausnahme vielleicht der Tragödien von KARDINAL DELFINO , dem Patriarchen von Aquilea , die hier und da Berührungen enthielten, die eines guten Dichters würdig wären. Die Sterbeszene seiner *Kleopatra* hat eine verblüffende Ähnlichkeit mit der entsprechenden Szene in *Antonius und Kleopatra,* obwohl er zweifellos nie auch nur von Shakespeares Namen gehört hat.

BATTISTA GUARINI , der 1612 starb, war durch seinen *Pastor Fido* einer der herausragenden Autoren von Pastoralstücken; Aber diese faden und unwirklichen Schöpfungen haben für den modernen Leser keinen Reiz. Der *Pastor Fido* ist ein Werk voller Können und Einfallsreichtum; aber es ist mit jener Vorliebe für Spitzfindigkeiten und Einbildungen behaftet, die einen Großteil der Literatur des 17. Jahrhunderts nicht nur in Italien, sondern auch in anderen Ländern entstellt. Wenn Italien seinen Marino hatte, hatte Spanien seinen Gongora, Frankreich seinen Benserade und England seine Lyly, Donne und Cowley. Es ist merkwürdig zu beobachten, wie sich eine literarische Mode von einem Land in ein anderes ausbreitet, und in einer Zeit, in der es kaum Reisen gibt und die Kommunikation schwierig ist, ist es doppelt merkwürdig. So entwickelte sich der Byronismus zu Beginn des 19. Jahrhunderts zu einer weltweiten Epidemie.

Die Liebe zu weit hergeholten Einbildungen entstand in der zweiten Hälfte des 16. Jahrhunderts. Wir sehen viel davon in Shakespeares frühen Komödien, und die Spuren davon in Tasso gaben Boileau hundert Jahre später Anlass, sich über diejenigen lustig zu machen, die „das Lametta von Tasso dem Gold von Vergil" vorzogen.

> „Ein Racan , à Malherbe, bevorzugt Théophile
> ,
> Et le clinquant du Tasse à tout l'or de Virgile .

Es ist jedoch ungerecht, Tasso eine übermäßige Fülle von Einbildungen vorzuwerfen. Er präsentiert zwar einige, aber sie sind fast immer genial und einfallsreich und nicht so weit hergeholt, dass sie unnatürlich wirken.

Der Dichter, der wirklich die Mode des fantastischen Einfallsreichtums prägte, war GIAMBATTISTA MARINO (oder MARINI , denn beide Formen des Namens scheinen von seinen Zeitgenossen verwendet worden zu sein), ein Neapolitaner, geboren 1569, gestorben 1625. Sein Hauptwerk ist das *Verfasste* ein episches Gedicht in zwanzig riesigen Gesängen über die Liebe von Venus und Adonis. Wäre das Gedicht nicht so erschreckend lang, hätte es einiges zu bieten. Er schrieb auch andere Epen, die nicht ganz so umfangreich waren: *La Gerusalemme Distrutta , La Strage degl ' Innocenti ,* über das Massaker der Unschuldigen, und zahlreiche lyrische Ergüsse. Als er in Turin war, hatte er einen vulgären Streit mit einem rivalisierenden Dichter namens Murtola , der zahlreiche Satiren und Pasquinaden zur Folge hatte. Murtola war über Marinos beißenden Sarkasmus so erzürnt, dass er ihm eines Abends auflauerte und eine Pistole abfeuerte. Der Schuss tötete nicht Marino, sondern einen Lieblingshöfling des Herzogs von Savoyen, der mit dem Dichter spazieren ging. Murtola wurde in einen Kerker geworfen, aber

Marino trat für seinen gefallenen Rivalen ein, und es ist ein merkwürdiges Beispiel für die absolute Macht der damaligen Fürsten , dass alle Verfahren gegen Murtola eingestellt wurden und ihm eine kostenlose Begnadigung gewährt wurde. Marino hatte Grund, seine Fürsprache für ein so unwürdiges Ziel zu bereuen. Murtola entdeckte zufällig eine Kopie von Versen, die Marino viele Jahre zuvor geschrieben hatte und in denen er über den Herzog nachdachte . Er verlor keine Zeit, sie an den Herzog weiterzuleiten , der so erzürnt war, dass er Marino zweifellos die Strafe auferlegt hätte, vor der er den verräterischen Murtola gerettet hatte , wenn Marino nicht klugerweise in die Flucht geflohen wäre.

Er kehrte nach Paris zurück, wo er begeistert empfangen wurde, und Marie de Medici, die zweite Frau Heinrichs IV. und Regentin während der Minderheit Ludwigs XIII., schenkte ihm eine hohe Rente und viele andere Zeichen königlicher Gunst . Er hatte die volle Muße, sein *Adone* fertigzustellen , und als es 1623 veröffentlicht wurde, erfüllte es die Erwartungen seiner Bewunderer voll und ganz. Er kehrte in seine Heimatstadt Neapel zurück, wo ihn großartige Ovationen erwarteten. Allerdings konnte er seinen Triumph nicht mehr lange genießen, und Italien musste 1625 seinen Verlust betrauern.

Marino traf genau den Geschmack seiner Zeitgenossen, und die Lobeshymnen, die ihm zuteil wurden, sind in ihrer Übertreibung geradezu unglaublich. Der Dichter Claudio Achillini schrieb ihm aus Bologna: „Für mich besteht kein Zweifel daran, dass Sie der größte Dichter sind, den die Welt je gesehen hat." Kardinal Bentivoglio , einer der brillantesten Intellektuellen seiner Zeit, sprach ihn mit kaum weniger entzückten Worten an.

Es muss sicherlich etwas Bemerkenswertes in Marinos Werken gegeben haben, das bei seinen Zeitgenossen eine so umwerfende Wirkung hervorrief.

In seiner frühen Jugend entwickelte Marino die Theorie, dass ein Dichter, um erfolgreich zu sein, seine Leser in Erstaunen versetzen muss. In jeder Zeile, die er schrieb, war es sein Ziel, Erstaunen zu erregen. Es ist ihm voll und ganz gelungen. Die genialsten Gedanken, die schillerndsten Metaphern, die anschaulichsten Beschreibungen sind auf seinen Seiten derart dicht gedrängt, dass es unmöglich ist zu leugnen, dass er von der Natur verschwenderisch mit einigen der seltensten Eigenschaften des Denkens und der Vorstellungskraft ausgestattet wurde. Aber seine Werke zeigen kein menschliches Interesse, kein patriotisches Feuer und keine religiöse Inspiration. Sie sind fantastisch und unwirklich, geben aber nicht vor, etwas anderes zu sein. Seine Fantasie bescherte ihm eine unerschöpfliche Folge leuchtender und eindrucksvoller Bilder, und wenn sie in seinen Versen glitzerten und funkelten, war es ihm egal, ob sie der Natur treu waren oder miteinander im Einklang standen. Es ist ein wunderbarer Dichter, ihn in isolierten Passagen zu lesen, wenn der Geist sich den erfrischenden Launen der Fantasie hingeben möchte. Er ist in seinem Stil sehr ausgeglichen; Da er seine Sprache vollkommen beherrscht, stellen ihm selbst die kompliziertesten Reim- und Metrumschwierigkeiten kein Hindernis dar. Ich glaube nicht, dass er Spenser an poetischer Inspiration in irgendeiner Hinsicht unterlegen ist, und er ist sicherlich weniger schwerfällig und langsam. Aber das Thema seines Hauptwerks ist frivol und in Wahrheit nur eine Blase der Fantasie, dazu geschaffen, sich auszudehnen, zu glitzern und zu platzen. Aber dafür ist es viel zu lang. Allein heroische Gedanken sollten heroische Ausmaße annehmen. Selbst bei Ariosto erleben wir den gleichen Effekt zu oft. Noch viel mehr im *Adone* . Marino hatte nichts von der klassischen Einfachheit von Ariosto. Er verachtete es wahrscheinlich als fade. Aber starkes Würzen führt zu einem schnellen Sättigungsgefühl, und der Geist erhält aus so künstlichen Gewürzen keine Nahrung. Allein dieser Umstand löst das Problem, warum Marino so vernachlässigt wurde. Nehmen Sie jede Strophe seiner Gedichte und betrachten Sie sie einzeln, und es erscheint ein Wunder der Fantasie, des Einfallsreichtums und der musikalischen Diktion. Aber wenn man seine Produktionen als Ganzes betrachtet, kann man nicht leugnen, dass es ihnen an nachhaltigem Interesse, an menschlichem Pathos und an philosophischer Absicht mangelt. Tatsächlich hatte er nichts von einem Philosophen. Keine großen Probleme beschäftigen ihn; Keine erhabenen Bestrebungen erheben ihn über sublunäre Dinge. Er gibt den Reichtum seines Geistes nicht für edle Denkmäler aus, sondern für filigrane Schmuckstücke. Daher wahrscheinlich seine Popularität. Seine Zeitgenossen wollten nicht von stürmischer Erhabenheit erschüttert oder in den Abgrund tiefer Meditation geführt werden. Sie wollten von einem Sänger, der geschickt genug war , ihre Fantasie mit Klängen zu erfreuen, die schön genug waren, um das Fehlen höherer Qualitäten auszugleichen, und doch nicht zu erhaben, um über die Grenzen des begrenzten Horizonts, auf den sie sich beschränkten, hinauszuschweben, in üppige Ruhe eingelullt werden. Daher Marinos glänzender Erfolg. Aber er opferte der unmittelbaren Popularität die Bewunderung und Dankbarkeit zukünftiger Zeitalter, die er mit seiner verschwenderischen Gabe des Gesangs und der Fantasie möglicherweise erworben hätte.

Als Beispiel für Marinos Stil füge ich die wunderschöne Eröffnungsstrophe des siebten Gesangs des *Adone hinzu* .

> „ Musica e Poesia son due sorelle ,
> Ristoratrici Delle afflitte genti ,
> De' rei pensier le torbide procelle
> Con liete rime a serenar possenti .
> Es war nicht die schönste Welt dieser Welt ,

oder besser salubri all' affannate menti ,
Nè Cor la Scizia ha barbaro cotanto ,
Se non è tigre , a cui non piaccia il canto.

GABRIELLO danach, der erste epische Dichter seiner Zeit zu werden CHIABRERA aus Savona strebte danach, sein erster Lyriker zu werden, und er nahm Pindar als Vorbild. Er erntete zwar viel Beifall, es darf jedoch bezweifelt werden, ob er ganz so erfolgreich war wie sein Zeitgenosse. Er hat nichts mit der überbordenden Fantasie von Marino zu tun, und seine ehrgeizigeren Oden sind oft prall und schwer. Andererseits muss man zugeben, dass seine erfolgreichsten Passagen prächtig und klangvoll sind. Der *Adone* ist das beste der langatmigen italienischen Epen, mit Ausnahme der beiden unnahbaren Meisterwerke *Orlando Furioso* und *Gerusalemme Liberata* . Man kann jedoch nicht sagen, dass Chiabrera Petrarca so nahe kommt wie Marino seinen beiden berühmten Vorgängern. Er ist voll von jenen abgedroschenen mythologischen Anspielungen, die die Poesie bis zum Ende des 18. Jahrhunderts belasteten, und er hat auch keinen Vorwand, sich ihnen hinzugeben, um wunderschöne und romantische Visionen heraufzubeschwören. Seine Fähigkeit zur Beschreibung ist nur gering, ein bemerkenswerter Umstand, da seine Fähigkeit zur Versifikation zweifellos sehr groß war. Einige seiner leichteren Gedichte sind fröhlich und lebhaft, und er schrieb eine Reihe von Grabinschriften, die den englischen Lesern durch Wordsworths edle Übersetzung bekannt waren. Nicht oft hat sich Chiabrera einer so natürlichen und leidenschaftlichen Sorte hingegeben wie der folgenden:

„Nicht ohne schweren Kummer des Herzens legte

derjenige, dem die Pflicht zufiel (denn zu dieser Zeit weilte der Vater in einem fernen Land), in der Mulde dieses Grabes das innigste geliebte Kind eines Bruders nieder! Francesco war der Name, den der Jüngling getragen hatte,

Pozzobonelli seiner berühmtes Haus; Und als unter diesem Stein der Leichnam gelegt wurde,

strömten die Augen von ganz Savona vor Tränen. Leider hatte der zwanzigste April seines Lebens kaum geblüht; und zu dieser frühen Zeit weckte er durch echte Tugend eine Hoffnung, die sein Land sehr erheiterte Seinen Verwandten versprach er Trost, und die schmeichelhaften Gedanken, die seine

Freunde in ihrer Zärtlichkeit hegten, ertrug er nicht, um zu schmachten oder zu verfallen. Gibt es nun keinen großen Grund, in eine leidenschaftliche Klage auszubrechen? O Seele! Kurz als Pilger in unserer Unterwelt, Tu es Du genießt die ruhige Himmelsluft. Und rund um dieses irdische Grab lass Rosen aufgehen, einen ewigen Frühling! in Erinnerung an den herrlichen Duft, der einst von Deinen sanften Manieren leise ausgeatmet wurde.

Das folgende Epitaph über einen Admiral ist ebenfalls in Ordnung:

„Niemals hat ein Mann geatmet, der, als sein Leben
zu Ende ging, nicht von diesem Leben erzählen könnte. Lange und harte Mühen. Der Krieger wird berichten von Wunden und hellen Schwertern, die auf dem Feld blitzen, und Posaunenschall. Er, der dazu verdammt war, sich zu beugen Stirn in den Höfen der KönigeWill von Betrug und nie endendem Hass,
Neid und Herzensunruhe erzählen, abgeleitet von komplizierten Intrigen verräterischer Freunde. Ich, der von frühester Jugend an an Bord lebte, konnte das schreckliche Antlitz der verärgerten Gewässer und der darstellen empörte Wut von Auster und Bootes . Fünfzig Jahre lang
herrschte ich über die gut gesteuerten Galeeren. Vom riesigen Pelorus bis zu den atlantischen Säulen erhebt sich kein Berg vor meinen Augen, der unbekannt ist; und die breiten Abgründe, die ich oft und oft durchquerte. Von jeder Wolke, die in der Der Himmel könnte sich bewegen. Ich kannte die Kraft, und daher nutzte der Stolz der rauen See nicht zum Sturz meines Schiffes. Welchen edlen Prunk und welche Häufigkeit habe ich nicht auf königlichen Decks gesehen! Doch am Ende habe ich gelernt, dass ein armer Moment genügen kann, um das Hohe und das

Niedrige
auszugleichen . Wir segeln über das Meer des
Lebens – eine Ruhe findet man und eine über
einen Sturm – und auf der Reise darüber ist
der Tod unser aller stiller Zufluchtsort. Wenn
ihr mehr über meinen Zustand erfahren
würdet, Savona war mein Geburtsort und ich
sprangOf edle Eltern; Siebzig Jahre und drei
Jahre lebte ich – und erlag dann einer
langsamen Krankheit .

Ein Dichter, der vielleicht seinesgleichen sucht Chiabrera war VINCENZIO
DA FILICAIA , ein Florentiner, geboren 1642, gestorben 1707, der ihn jedoch
an plötzlichen und brillanten Geistesblitzen bei weitem übertraf, was die
allgemeine Exzellenz seines Werkes anging. [1] Einige seiner schönsten Verse
sind dies bekannt, dass wir, wenn wir uns eine Ausgabe seiner gesamten
Werke ansehen, unangenehm überrascht sind, dass der Großteil seiner
Gedichte bei weitem nicht an seine markantesten Passagen heranreicht. Er
ist oft konventionell und prall, manchmal schwerfällig und unbeholfen. Er
verfügt weder über Chiabreras technisches Können noch über die
Lebhaftigkeit leichterer Dichter. Hallam beklagte den Mangel an
Sonnenschein in seinen Versen, und in Wahrheit sind seine Elegien
gelegentlich traurig, wo sie tragisch sein sollten. Der Mann scheint größer
gewesen zu sein als seine Werke; aber wenn ein Akkord seiner Leier sein
Herz berührt, bricht er in einen Gesang aus, der so edel und leidenschaftlich
ist, dass er es durchaus verdient, als der größte italienische Dichter des 17.
Jahrhunderts bezeichnet zu werden. An erster Stelle steht sein berühmtes
Sonett über Italien, insbesondere die vier Eröffnungszeilen:

„Italia! Italia! O tu cui feo la sorte
Dono infelice di bellezza , ond'hai
Funesta dote d'infiniti Guai
Che vorn Schriften für große Hunde Porte .

Aber die Fortsetzung und der Schluss haben etwas Schweres und Langsames.

Überragend an allgemeiner Exzellenz, obwohl er nicht das unnachahmliche
Pathos der gerade zitierten Passage besitzt, ist der Beginn des Sonetts:

„ Dov'è , Italia, il tuo braccio? ea che ti servi
Tu dell' altrui ? nicht è, s'io scorgo il vero ,
Da chi t'offende , il difensor men fero ,
Ambo nemici son, ambo fur servi .“

Ein weiteres Sonett zum gleichen Thema beginnt sehr eindrucksvoll:

> „ Vanno a un termine sol, con passi eguali ,
> Del verno , Italia, e di tua vita l'ore ;
> Nein Anker Sai Wie viel kostet
> Ihr Mann ? _ danno il Destin saette e strali .

So auch ein vierter:

> „ Sono , Italien, per te discordia e morte
> In due nomi una cosa ; ea si gran male
> Un mal s'aggiunge non minderjährig, che frale
> Non se' abbastanza , nè abbastanza forte.

Christina, Königin von Schweden, ließ sich nach ihrer Abdankung in Rom nieder und freute sich, einen glänzenden Kreis an ihren Hof locken zu können. Filicaia scheint seine Heimatstadt nicht verlassen zu haben, aber sie weitete ihre Schirmherrschaft auf seine Söhne aus, und er feierte ihre Großzügigkeit in vielen Oden und schrieb ein edles Sonett zu ihrem Tod. In einem seiner Gedichte ermahnt er Rom, sich über Christinas Gegenwart zu freuen:

> „Non là dal gelido Boote
> Sorse Indi apoco imperiosa Stella,
> Ma fausta Wenn du weißt , dass du nicht in der
> Lage bist , eine
> Region zu erobern tu puoi :
> Antica Roma, a par di te son bella .“

Filicaia erhielt großes Lob und allgemeines Ansehen für eine Reihe von Oden über die Befreiung Wiens von den Türken durch John Sobiesky , König von Polen, im Jahr 1683. Keine lyrischen Gedichte in italienischer Sprache sind allgemeiner bekannt. Es sind zweifellos großartige und wirkungsvolle Kompositionen. Sie inspirierten Wordsworth mit dem folgenden Sonett:

> „Oh, für eine entzündliche Berührung dieser
> reinen Flamme
> , die einst zu einem Opfer der Dankbarkeit
> unter italienischen Himmeln diente, mit
> Worten wie diesen: „Auf, Stimme des Liedes!“
> verkünde' Deine heilige Entrückung mit
> himmlischem Ziel; 'Denn siehe! Die
> Kaiserstadt steht da, befreit von der
> Knechtschaft, die der umkämpfte Osten
> bedroht, und die Christenheit atmet, von
> Schuld und Schande, erlöst von elender Angst,
> befreit von einer Tagesleistung, einem
> mächtigen Sieg. Singt das Lob des Erlösers in

jeder Sprache; „Das Kreuz wird sich ausbreiten, der Halbmond ist verblasst", „Er siegt, wie im freudigen Himmel wird gesungen; „Er siegt durch Gott und Gott durch ihn."

Die Gedichte sind der Situation gewachsen, aber manchmal sind sie eher rhetorisch als poetisch, und die ständigen Apostrophe an Gott, er solle aus seinem Schlaf erwachen, sind nicht besonders geschmackvoll. Leider widmet Filicaia dem undankbaren Leopold fast ebenso viel Lob wie dem heldenhaften Sobiesky , und die unterwürfige Bewunderung, mit der er königliche und kaiserliche Persönlichkeiten anspricht, beeinträchtigt die Erhabenheit des Ganzen.

Filicaia zeichnete sich durch Zärtlichkeit aus. Eines seiner schönsten Sonette handelt von der göttlichen Vorsehung:

„Qual madre ich figli con pietoso affetto,

in dem sich Gedanken und Pathos mit bewundernswerter Kunst vermischen. Einige seiner Sonette sind auffallend genial. Sehr schön ist das zum Erdbeben von Sizilien im Jahr 1683:

„ Quì pur foste , o Città ; nè in voi Das Resta
Testimon di voi Stesse ein Sasso Solo,
In cui si Schreiben : Quì s'aperse il suolo ,
Qui fu Catania, e Siracusa è questa !

Sehr schön sind einige seiner religiösen Verse:

„ Avess ' io scritto weniger , und noch mehr Klavier ;
E stil men terso avessi , alma più bella ,
Männer chiaro ingegno , e cor più puro e santo!"

Filicaias Gedichte hinterlassen, ist, dass er eher eine große Natur als ein perfekter Dichter war und dass es eher der Erhabenheit seines Geistes als der Meisterschaft seiner Kunst zu verdanken ist, dass seine Seiten, die allzu oft schwerfällig und konventionell sind, werden von Blitzen durchstrahlt, die so brillant und beeindruckend sind, dass sie einen unauslöschlichen Eindruck beim Leser hinterlassen und den Dichter auf ein höheres und ehrenvolleres Podest stellen , als viele Schriftsteller, die über einen schärferen Witz und eine lebhaftere Vorstellungskraft verfügen, jemals zu erklimmen hoffen können.

So wie Chiabrera sich Pindar zum Vorbild nahm, so tat es auch FULVIO TESTI Bemühen Sie sich , in der Figur eines italienischen Horaz aufzutreten. Und tatsächlich hatte er viele Qualitäten, die die Übernahme dieser Aufgabe rechtfertigten . Er verfügt über Witz, Einfallsreichtum, einen klaren und pointierten Ausdruck und einen wahrhaft poetischen Geist. Er scheint sich früh entwickelt zu haben, und einige seiner besten Stücke wurden geschrieben, bevor er fünfundzwanzig war. Er widmete eine Ausgabe seiner Gedichte Karl Emanuel, Herzog von Savoyen, zog sich damit den Zorn des spanischen Gouverneurs der Lombardei zu und musste Zuflucht in der Flucht suchen. Der Herzog von Modena wurde sein Gönner und gewährte ihm eine Rente, und sein Nachfolger, Franz I., war dem Dichter noch wohlwollender und nahm ihn 1638 in seinem Gefolge nach Madrid mit, wo Philipp IV. von Spanien ihm ein lukratives Amt übertrug . Testi ähnelte Ariosto, indem er zum Gouverneur der Provinz Garfagnana ernannt wurde , und Tasso, der den größten Hass und die größte Eifersucht hervorrief. Aus ungeklärten Gründen wurde er Anfang 1646 verhaftet und ins Gefängnis geworfen, wo er am 28. August starb. Es wird vermutet, dass er im Gefängnisgelände hingerichtet wurde, es ist jedoch nichts Sicheres bekannt; Alles ist Misstrauen und Geheimnis. Auch wenn ihm nichts sehr Denkwürdiges geblieben ist, so sind seine Gedichte zumindest temperamentvoll und elegant, und im Gegensatz zu vielen seiner Zeitgenossen ist er nie langweilig und schwerfällig. Einige seiner Briefe sind witzig und lebhaft.

Der große Maler SALVATOR ROSA vergnügte sich in seiner Freizeit oft damit, Verse zu schreiben, und wenn seine Aufmerksamkeit nicht so stark auf die Schwesterkunst der Malerei gerichtet gewesen wäre, hätte er möglicherweise bemerkenswerte Erfolge in der Poesie erzielt. Einige seiner Balladen sind spontan und natürlich, und seine Satiren zeigen echte Beobachtungsgabe und Spottkraft. Das Buch über die Maler seiner Zeit ist vielleicht das Beste und es lohnt sich, es zu lesen.

Ein weiterer angesehener Satiriker war BENEDETTO MENZINI . Wie Filicaia genoss er die Schirmherrschaft von Christina von Schweden. Niemals seit der schrecklichen Katastrophe der Plünderung Roms unter Clemens VII. bot die Ewige Stadt einen so großartigen Anblick wie in der zweiten Hälfte des 17. Jahrhunderts. Die stattlichen Tage von Leo X. schienen wiederbelebt zu sein. Alexander VII. signalisierte sein Pontifikat durch außergewöhnlichen Glanz . Die Kolonnade, die den Platz vor dem Petersdom umschließt, wurde während seiner Regierungszeit von Bernini errichtet. Christina wetteiferte mit dem Papst um die Pracht ihres Hofes. Die Botschafter im Vatikan waren bestrebt, sich gegenseitig an Prunk und Luxus zu übertreffen. Auch wenn Menzini , der im Herzen dieser großartigen Gesellschaft lebte, nicht mehr als einen vagen Abglanz ihrer Brillanz auf seine Seiten übertrug, so schreibt er doch zumindest als ein Mann, der viel gesehen und beobachtet hat, und er ist weder ein Pedant noch ein Leermann Haftungsausschluss. Er schrieb eine Kunst der Poesie – in Versform, fast so gut wie die, die Boileau zur gleichen Zeit in Frankreich schrieb. Seine Sonette und ernsten Gedichte sind viel konventioneller. Er war ein guter Lateinist, aber die große Reihe italienischer lateinischer Gedichtdichter endete mit den funkelnden Epigrammen der Brüder Amaltei .

Ein weiterer Lyriker, den die Liberalität der Königin von Schweden nach Rom lockte, war ALESSANDRO GUIDI . Eine Gönnerin fand er nicht nur in dieser Prinzessin, sondern zu Beginn des 18. Jahrhunderts auch in Papst Clemens XI., dessen lateinische Predigten er in italienische Verse umwandelte. Frühere Autoren hatten bei der Komposition ihrer Oden die strengsten Regeln des Versmaßes und des Reims beachtet. In jedem Gedicht wurde die gleiche Strophe und die gleiche Reihenfolge der Reime beibehalten. Guidi war der Erste, der diese eiserne Regelmäßigkeit verwarf, sei es aus Mangel an Geschick, aus Trägheit oder aus Liebe zur Originalität, und Oden in unregelmäßigen Strophen schrieb, wobei er gelegentlich sogar Verse verließ, ohne ihnen einen abschließenden Reim zu geben. Dem folgten in Abständen weitere Autoren, bis es schließlich in der grenzenlosen Freiheit Leopardis gipfelte, der in seinen letzten Werken Reime so sparsam einführt, dass sein Versmaß kaum mehr als eine Modifikation eines leeren Verses ist. Nachdem Leopardis Nachahmer das öffentliche Ohr mit ihren schlampigen Ergüssen ermüdet hatten, kam es zu einer Reaktion, und regelmäßige Strophen erfreuen sich heute mehr denn je der Beliebtheit , während die langen und ausführlichen Strophen von Filicaia zugunsten der leichteren und pointierteren Vierzeiler vernachlässigt werden.

Durch diese damals heftig kritisierte Freiheit erlangte Guidi zweifellos größere Bewegungsfreiheit und ist nie gezwungen, seine Gedanken zu forcieren und seine Phrasen zu verdrehen. Man kann jedoch nicht sagen, dass seine Vorstellungen natürlicher und unkonventioneller seien als die seiner Vorgänger. Er verfügt über keinen großen Glanz der Fantasie, keine Regenbogenfarben der Fantasie, keine Tiefe des Denkens, noch verfügt er über die Fähigkeit zu Pathos oder Zärtlichkeit. Aber er ist immer geschmackvoll und wissenschaftlich, und seine Werke sind völlig frei von jeglichem Anflug von Grobheit oder Vulgarität.

ALESSANDRO MARCHETTI zeichnete sich eher durch seine großartige Übersetzung von Lucretius als durch irgendeine seiner Originalproduktionen aus. Das Buch galt in Italien als zu gefährlich, um die Zensur zu passieren, und es musste in London gedruckt und heimlich in das Herkunftsland geschmuggelt werden.

FRANCESCO REDI schrieb ein sehr berühmtes Werk, *Bacco in Toscana,* einen Dithyrambus voller Feuer und Begeisterung, eine Gedichtart, von der es in italienischer Sprache nur wenige Beispiele gibt. Von Beruf war er Arzt und brachte die Wissenschaft seiner Zeit maßgeblich voran. Er starb 1698.

CARLO MARIA MAGGI schrieb einige erfreuliche Gedichte im Mailänder Dialekt, und einige seiner an Italien gerichteten Sonette strahlen das patriotische Feuer aus, das in Filicaia so sehr gepriesen wird .

FELICE ZAPPI und FAUSTINA MARATTI , seine Frau, schrieben einige edle und temperamentvolle Sonette. Eines von Zappi über den Moses von Michael Angelo ist von höchster Schönheit und Originalität.

Das 17. Jahrhundert war nicht reich an komischen Dichtern. Die Verse der damaligen Zeit zeichnen sich meist durch eine eher eintönige Ernsthaftigkeit aus. Zwei Dichter zeichnen sich jedoch durch ihre komischen Erfindungen aus: LORENZO LIPPI und ALESSANDRO TASSONI .

Ersterer, ein Florentiner, war sowohl Maler als auch Dichter. Er schrieb in Ottava Rima ein burleskes Gedicht mit dem Titel „*Malmantile*". Es wird als Schatzkammer toskanischer Redewendungen geschätzt und ist in der Tat so voll vom Slang des Mercato Vecchio, dass es für Italiener selbst und noch mehr für Ausländer ohne die umfangreichen Anmerkungen der Kommentatoren fast unverständlich ist.

ALESSANDRO TASSONI stammte aus Modena, wurde 1565 geboren und starb 1635. Er zeichnete sich als Kommentator von Petrarca aus, vor allem aber durch sein gespieltes Heldengedicht „ *La Secchia Rapita*" , *das man mit* „*Die Vergewaltigung des Eimers*" übersetzen könnte . Wie so viele andere Schriftsteller seiner Zeit verbrachte er sein Leben im Dienst von Kardinälen und Fürsten und litt sehr unter der Launenhaftigkeit seiner Herren und dem Neid seiner Rivalen. Aber er beendete seine Tage als Pensionär von Franz I., Herzog von Modena, friedlich. Sein Hauptwerk, *La Secchia Rapita* , weist viel Einfallsreichtum auf, um es zu empfehlen, aber seinem Stil mangelt es etwas an Farbe , und sein Thema ist an sich nicht sehr interessant, und auch der Autor hat es nicht so interessant gemacht. Durch die Ähnlichkeit der Namen in die Irre geführt, schreibt Dickens in seinen *Bildern aus Italien* die *Secchia Rapita* Tasso zu. Von den Scheinheldengedichten der Neuzeit kann man sagen, dass Boileaus *Lutrin der Secchia Rapita etwas unterlegen ist* , Popes *Rape of the Lock* und Leopardis *Paralipomeni jedoch* weit überlegen sind, sowohl in der Brillanz des Gedankens als auch in der Perfektion des Stils.

Wenn wir die Poesie des 17. Jahrhunderts mit der des 16. Jahrhunderts vergleichen, fällt uns die merkwürdige Tatsache auf, dass ihre Autoren eine altmodischere Ausstrahlung haben als ihre Vorgänger. Dies ist zum Teil auf ihre Suche nach genialen Ideen zurückzuführen, die sie daran hindert, so fließend und natürlich zu sein wie die Zeitgenossen von Ariosto und Tasso. Auch ihr Stil ist umständlicher. Sie lieben lange und komplizierte Perioden mehr als die Dichter des 16. Jahrhunderts. Aber sie haben viele kompensierende Eigenschaften. Gerade ihr Fehler, zu künstlich in Gedanken und Bildern zu sein, ist ein Beweis dafür, dass sie über nicht wenig Vorstellungskraft und Fruchtbarkeit verfügen. Ein Mensch kann seine Gedanken und Vorstellungen nicht in seltsame und phantastische Formen verdrehen, ohne sich dabei große Mühe zu geben. Keiner dieser Autoren scheut sich die Mühe und wählt oft die schwierigsten Metren , die die Sprache darstellen kann. Ihr großer Mangel ist die Konventionalität der Phraseologie, die mit Tasso begann und erst im 19. Jahrhundert mit Monti endete. Sie schmücken sich mit den Lumpen der antiken Mythologie und scheinen keinen Moment zu ahnen, dass sie in ungeliehenen Kleidungsstücken viel besser aussehen würden. Anstatt vom Wind zu reden, reden sie von Boreas. Anstatt das Meer zu erwähnen, erwähnen sie Neptun und Thetis. All dies macht selbst die besten Werke bis zu einem gewissen Grad unnatürlich und pedantisch, und nur in ihren allerschönsten Passagen erfreuen sie den modernen Leser. Die intensive Liebe zur klassischen Antike war mit der Renaissance erloschen, und die Anspielungen auf die Götter Griechenlands und Roms waren nur noch das Ergebnis von Gewohnheit und Konvention. Anstatt ihre Werke zu schmücken, machen diese Anspielungen sie geradezu trocken, denn nur Marino verwendet sie so, wie sie verwendet werden sollten: zur Darstellung brillanter Beschreibungen und Bilder. Er beschwört ein eigenes Märchenland herauf, wie es Keats zweihundert Jahre später tat.

[1] Lord Somers war ein großer Bewunderer von Filicaia . Siehe Lord Campbells *Leben der Kanzler* und Macaulays *Geschichte*.

KAPITEL XI.

Galilei und die Prosaschriftsteller des 17. Jahrhunderts.

Bei der Aufzählung der Prosaautoren des 17. Jahrhunderts werden wir mit dem berühmten Namen GALILEO GALILEI KONFRONTIERT , der uns in Erinnerung bleiben wird, solange die Wissenschaft gepflegt wird.

Dieser berühmte Mann wurde 1564 in Pisa geboren und starb 1642 in Arcetri bei Florenz. Er war Professor für Mathematik an der Universität von Pisa, und es gäbe absolut nichts Bemerkenswertes aus seinem Leben zu erzählen, wenn er nicht passiert wäre mit der Inquisition in Konflikt zu geraten, weil er behauptete oder vielmehr behauptete, die Erde drehe sich um die Sonne. Er wurde aufgefordert, vor dem Inquisitionsgericht zu erscheinen, aber als er in Rom ankam, wurde er mit Rücksicht und sogar mit Auszeichnung behandelt. Der Ort seiner Festnahme war der prächtige Palast des toskanischen Botschafters in der Nähe der Trinità de' Monti. Befriedigender wäre es jedoch, seine eigene Aussage in einem Brief an einen ihm bekannten Priester, Pater Vincenzo Renieri , zu zitieren .

„Von meiner Jugend an", schreibt er, „mediierte ich über die Komposition eines Dialogs über die beiden Systeme des Ptolemäus und des Kopernikus. Mein Hauptanreiz bestand darin, die Ebbe und Flut der Gezeiten durch die Bewegung der Erde zu erklären. Das, was zuerst." Als ich Rom mit meiner Meinung über die Bewegung der Erde bekannt machte, war eine lange Dissertation, die ich an Kardinal Orsini richtete, und dann wurde ich als skandalöser und unverschämter Schriftsteller angeprangert. Nach der Veröffentlichung meiner Dialoge wurde ich von der Kongregation von Rom nach Rom gerufen Das Heilige Offizium Ich kam am 10. Februar 1633 in Rom an und wurde in den entzückenden Palast des toskanischen Botschafters an der Trinità de' Monti eingesperrt. Am nächsten Tag wurde ich von Pater Lancio , dem Kommissar der Heiligen Inquisition, besucht. Er nahm Ich begleitete ihn in seiner Kutsche. Unterwegs stellte er mir zahlreiche Fragen. Er war äußerst eifrig in seinem Bemühen, mich dazu zu bringen, den Skandal wiedergutzumachen, den ich ganz Italien verursacht hatte, indem ich die schockierende Lehre aufrechterhielt, dass sich die Erde um die Sonne drehte. Auf alle meine Argumente aus Physik und Mathematik antwortete er mit den Worten der Heiligen Schrift: „ *Terra autem in æternum. " stabit , quia Terra autem in æternum stat.* „In dieses Gespräch vertieft erreichten wir den Palast des Heiligen Offiziums, der westlich der prächtigen Kirche St. Peter liegt. Der Kommissar stellte mich sofort Monsignore Vitrici , dem Gutachter, vor. Zwei Dominikanermönche waren bei ihm. Sie forderten mich höflich auf, meine Argumente vor der gesamten Kongregation vorzubringen, damit im Falle meiner Verurteilung meine Verteidigung gehört werden könnte. Am folgenden Donnerstag wurde ich der Kongregation vorgestellt. Ich habe meine Korrekturabzüge vorgelegt, aber leider wurden sie nicht geschätzt, und all meine Bemühungen scheiterten daran, sie akzeptabel zu machen. Sie versuchten eifrig, mich von dem Skandal zu überzeugen, den ich verursacht hatte, und die Bibelstelle wurde immer als Beweis für meine Schuld angeführt. Ich erinnerte mich zufällig an ein Argument aus der Heiligen Schrift. Ich behauptete es, aber mit wenig Erfolg. Ich sagte, dass es meiner Meinung nach Passagen in der Bibel gäbe, die im Einklang mit den populären Ansichten der Astronomie in der Antike formuliert seien, und dass die Passage, die gegen mich zitiert wurde, in diesem Sinne aufgefasst werden könnte. Ich fügte hinzu, dass es im Buch Hiob, Kapitel xxxvii, Vers 18 heißt, dass die Himmel so seien, als wären sie aus Metall und Bronze. Elihu ist es, der diese Worte ausspricht. Wir sehen also deutlich, dass er nach dem System des Ptolemäus spricht, und dieses System hat sich durch die moderne Philosophie und den gesunden Menschenverstand als absurd erwiesen. Wenn also so viel Wert darauf gelegt wird, dass Josua die Sonne stoppte, sollten wir auch die Passage berücksichtigen, in der es heißt, dass der Himmel aus so vielen Himmeln wie Spiegeln besteht. Die Schlussfolgerung schien mir vollkommen logisch zu sein. Dennoch wurde es immer undeutlich rübergebracht, und ich konnte keine Antwort außer einem Schulterzucken herausholen, der üblichen Zuflucht derer, die sich entschieden haben und aufgrund übermäßiger Vorurteile taub für Argumente sind.

„Schließlich war ich als guter Katholik gezwungen, meine Meinung zurückzuziehen, und mein Dialog wurde auf den Index der verbotenen Bücher gesetzt. Nach fünf Monaten erhielt ich die Erlaubnis, Rom zu verlassen. Florenz wurde dann von der Pest heimgesucht, und als die … Am Ort meiner Verhaftung wurde ich als große Gefälligkeit zum Wohnsitz meines liebsten Freundes, den ich in Siena hatte, des Erzbischofs Piccolomini, geschickt. Seine Gesellschaft bereitete mir so viel Freude und trug so viel zu meinem Seelenfrieden bei, dass ich meine Arbeit fortsetzte Nach weiteren fünf Monaten, als die Pest in Florenz ihre Heftigkeit verloren hatte, wurde mir durch die Freundlichkeit Seiner Heiligkeit des Papstes erlaubt, die Enge dieses Hauses gegen die Freiheit eines Rückzugs aufs Land einzutauschen, den ich so sehr empfand genießen. Gegen Anfang Dezember dieses Jahres, 1633, kehrte ich in die Villa von Belriguardo und dann nach Arcetri zurück, wo ich jetzt bin und die wohltuende Luft in der Nähe meines geliebten Florenz genieße."

Dieser Brief, datiert Arcetri, Dezember 1633, gibt einen schlichten, ungeschminkten Bericht über die Ereignisse. Aus den von Galilei verwendeten Ausdrücken geht klar hervor, dass er glaubte, er sei mit beträchtlicher Nachsicht davongekommen. Wir können ihm nur zustimmen, wenn wir an Bruno und Vanini denken , die kurz zuvor von demselben Tribunal bei lebendigem Leibe verbrannt wurden, und an Campanella, der siebenundzwanzig Jahre lang in einem Kerker eingesperrt war.

also , dass an der populären Legende, dass er gefoltert wurde, nichts Wahres dran ist, und wahrscheinlich ebenso wenig an der Anekdote, dass er, als er nach seiner Zurückziehung aufstand, ausrief: „ *Eppur* . “ *si muove !* “ Wenn er diese Worte ausgesprochen hätte, hätte er zweifellos einen hohen Preis für seine Kühnheit bezahlt.

In seinem Ruhestand in Arcetri stand es ihm frei, unbehelligt die Forschungen fortzusetzen, die seinen Namen unsterblich gemacht haben. Seine Erfindung des Teleskops offenbarte ihm viele Wunder des Himmels. Er entdeckte die Satelliten des Jupiter und den Ring des Saturn, obwohl er sich der ringförmigen Natur des letztgenannten Objekts nicht bewusst war, ein Triumph, der Huyghens vorbehalten war . Er beobachtete die Flecken auf der Sonne und die Berge des Mondes. Seine Forschungen in der Chemie steigerten seinen Ruf mit vielen denkwürdigen Ergebnissen.

Nicht nur als Mann der Wissenschaft erlangte er die Bewunderung der Welt. Als Schriftsteller gehört er zu den Besten seiner Zeit. Seine Prosa ist klar, ungekünstelt, anmutig und gelegentlich eloquent und beeindruckend. Seine wissenschaftlichen Abhandlungen sind Musterbeispiele für Klarheit. Als er selbst für diese Qualität gelobt wurde, führte er sie zu einem großen Teil auf seine ständige Lektüre der Werke von Ariosto zurück. Klarheit ist in der Tat das besondere Verdienst dieses großen Dichters. In seiner Jugend verfasste er einen Aufsatz, um die Überlegenheit von Ariosto gegenüber Tasso zu beweisen. Er sagte, Tasso habe uns Worte gegeben und Ariosto Realitäten. Diese Behauptung mag etwas pauschal sein, aber sie basiert auf der Wahrheit. Dennoch gab er zu, dass Tasso viele Qualitäten habe, die dem Leser gefallen, und dass er nur der scharfen Prüfung der Kritik nicht standhalten konnte.

Die Werke Galileis sind nicht sehr umfangreich. An erster Stelle steht der *Dialog über die beiden Systeme von Ptolemäus und Kopernikus*. Sein *Saggiatore* ist kaum weniger wichtig. Seine *Probleme* enthalten Beschreibungen vieler Experimente, und seine Briefe zeichnen sich durch Witz und Lebhaftigkeit ebenso aus wie durch Kraft und Kühnheit des Denkens. Sein Aufsatz über die vergleichenden Vorzüge von Ariosto und Tasso wurde bereits erwähnt. Er hatte große Freude an der Poesie, und seine Biographen versichern uns, dass er viele Passagen aus Vergil, Ovid, Horaz und den Seneca zugeschriebenen Tragödien auswendig kannte. Im Italienischen hatte er die größte Freude an Ariosto und neben ihm an Petrarca und Berni . Dante wird nicht erwähnt, aber es wäre außergewöhnlich, wenn der tiefgründigste und anschaulichste aller Dichter ihn nicht ansprechen würde, obwohl die Launen des Geschmacks unkalkulierbar sind. Es muss daran erinnert werden, dass die Wertschätzung Dantes im 17. Jahrhundert auf ihrem Tiefpunkt gesunken war.

Zu denjenigen, die das Dekret zur Verurteilung der Fehler des berühmten Galilei unterzeichneten, gehörte Kardinal GUIDO BENTIVOGLIO , der trotz dieses unglücklichen Umstands als Historiker und Memoirenschreiber ehrenvolle Erwähnung verdient. Er war als Nuntius bei mehreren Päpsten in Flandern und in Frankreich tätig. Gregory . Es gibt ein großartiges Porträt von ihm von Vandyke in Bologna.

Er hatte viele Eigenschaften eines fähigen, wenn auch nicht großen Schriftstellers. Er hatte den Vorteil, viel zu sehen und zu beobachten, und der Eindruck seiner Erfahrung ist in allem, was er schrieb, erkennbar. Ranke rühmt, dass seine Memoiren ein attraktives Bild seiner Zeit vermitteln, und in Wahrheit ist er einer der wenigen Autoren, die nicht französischer Nationalität sind und sich in ihren Verdiensten mit den großen Memoirenschreibern Frankreichs messen können. Er verfasste auch einen Bericht über seine Missionen als Nuntius, zahlreiche Briefe und eine Geschichte des Unabhängigkeitskrieges der Niederlande gegen den Despotismus Spaniens. Die *Geschichte* ist eine lesbare und lebendige Erzählung, und der Historiker ist selten voreingenommen oder verbittert. Da er selbst so lange in Flandern gelebt hat, ist er in der Lage, die von ihm erwähnten Orte anschaulich zu beschreiben. Ambrosoli tadelt seinen Stil wegen seiner Monotonie, aber ich kann nicht sagen, dass ich diesen Fehler jemals bemerkt habe. Im Gegenteil, es kommt mir so fließend und belebt vor, wie man es sich nur wünschen kann. Von einem Autor historischer Themen kann man nicht erwarten, dass er sich den phantasievollen Abschweifungen von Romanciers oder Essayisten hingibt. Wenn Bentivoglio Papst geworden wäre, hätte er sein Pontifikat zweifellos auf eine Weise ausgezeichnet, die seinen Fähigkeiten würdig war.

Ein größerer Historiker als Bentivoglio erschien in DAVILA , einem gebürtigen Paduaer. In seiner Jugend diente er in der französischen Armee, dann in der der Republik Venedig. Er war von adliger Herkunft und seine Vorfahren bekleideten den Posten des Großkonstablers der Insel Zypern, als diese noch unter der Herrschaft Venedigs stand. Sie hatten das Privileg, bei ihrem Auftritt im Großen Rat neben dem Dogen Platz zu nehmen, und dieses Privileg wurde Davila selbst zugestanden, der eine so hohe Wertschätzung genoss. Im Jahr 1630 veröffentlichte er seine *Geschichte der Bürgerkriege in Frankreich,* dem Werk, dem er seinen literarischen Ruhm verdankt. Im folgenden Jahr wurde er zum Kommandanten der Garnison von Crema ernannt, doch auf dem Weg von Venedig in diese Stadt wurde er in einem Dorf namens San Michele brutal ermordet.

Davila war eher ein Mann der Tat als des Geistes, und daher ist es nicht verwunderlich, dass sein Stil weniger rein toskanisch ist als der eleganterer Gelehrter. Aber er verfügte über eine große Denkkraft, einen ausgeprägten Scharfsinn und keine verächtliche Sachkenntnis. Diese Qualitäten, zusammen mit den interessanten Ereignissen, die er erzählt, sorgten für große Aufmerksamkeit und Beifall für seine Arbeit. Er hat allerdings einige Mängel. Er ist nicht immer sehr geschickt darin, der Fantasie lebendige Bilder zu vermitteln, und manchmal italienisiert er die Namen von Personen und Orten, bis sie kaum noch wiederzuerkennen sind . Daher Elboeuf wird in Ellebove verwandelt .

FRA PAOLO SARPI erlangte vor allem in protestantischen Ländern großes Ansehen für seine *Geschichte des Konzils von Trient* und seine bitteren Pamphlete gegen den Gerichtshof des Vatikans. Im großen Kampf zwischen der Republik Venedig und Papst Paul V. nahm er mit Unerschrockenheit und nicht ohne Wildheit an der Seite seiner Heimatstadt teil. Er war zweifellos ein Mann mit großen Fähigkeiten, aber seine Fähigkeiten wurden durch seinen Groll und seine Bösartigkeit geschärft .

Ein weiterer Historiker des Konzils von Trient, der es jedoch aus der Sicht der päpstlichen Partei betrachtete, war Kardinal SFORZA PALLAVICINO , einer der brillantesten Männer, die jemals der Gesellschaft Jesu beigetreten sind. Er war so liebenswürdig und wohlwollend, dass Papst Alexander VII. über ihn sagte: „Il Cardinal Pallavicino é tutto amore." Er starb 1667. Zu seinen Werken gehören neben der *Geschichte des Konzils von Trient* eine *Abhandlung über die christliche Vollkommenheit,* ein *Essay über Stil* und eine *Biographie Alexanders VII.* Alle diese Werke zeichnen sich durch ihre stilistische Unterscheidung aus, obwohl er sich manchmal zu sehr auf pointierte Gegensätze einlässt. Er war Davila in der Sorgfalt und dem Feinschliff, den er seinen Kompositionen schenkte, sehr unähnlich.

Ein anderer Jesuit, DANIEL BARTOLI , schrieb die *Geschichte seines Ordens* und die *Leben bedeutender Jesuiten* in einem Stil, der kaum an Perfektion grenzt. Man hat ihm tatsächlich vorgeworfen, er würde seine Phrasen so lange ausarbeiten, bis sie nicht mehr natürlich seien; und doch hatte er trotz seiner Ausführlichkeit seine Kritiker , die auf Redewendungen von zweifelhafter Richtigkeit hinwiesen und sagten: *„Questo non si."* *"può dire, (das kann man nicht sagen.)* Er antwortete ihnen in einer witzigen Broschüre: *Das Recht und Unrecht des Non Si Può* . „Eine kluge Arbeit", sagt Fontanini; „Aber die Klugheit des Autors wäre besser darin zum Ausdruck gekommen, die Fehler zu vermeiden, als sie mit hartnäckigem Einfallsreichtum zu verteidigen."

Ein bedeutender Prediger und Geistlicher seiner Zeit PATER PAUL SEGNERI , dessen Andachtsbücher in katholischen Ländern immer noch verwendet werden. Auch er war Jesuit, allerdings ist sein Stil nicht ganz so gut wie der seiner beiden Vorgänger. Es ist gelegentlich zu pompös und deklamatorisch; aber er hatte einen fruchtbaren und kraftvollen Geist und predigte und schrieb aus seinem Herzen.

Ein anderer weniger orthodoxer, aber gefeierterer Schriftsteller war GIORDANO BRUNO . Obwohl seine Werke an der Schwelle des 17. Jahrhunderts veröffentlicht wurden, wurden sie bereits im 16. Jahrhundert konzipiert und geschrieben. Wegen seiner Häresien wurde er im Jahr 1601 bei lebendigem Leibe verbrannt. Einige Jahre lang flüchtete er nach England, und es wäre für seinen Wohlstand gut gewesen, wenn er dort geblieben wäre. In einer Zeit, in der die Spekulation immer mehr Spielraum hat, scheint es in seinen Werken kaum etwas zu geben, was ihm eine so schreckliche Strafe auferlegen könnte, aber die Provokation, die die Werke kaum bieten, scheint vom Autor selbst herbeigeführt worden zu sein. Er war gereizt und prahlerisch, und er kannte weder Klugheit noch Diskretion. Seine große Abhandlung „ *Della Causa, Principio ed Uno*" ist eine Darstellung des Pantheismus, aber seine vagen Träumereien haben kaum eine wissenschaftliche Grundlage, die sie empfehlen könnte. Er schrieb auch eine Komödie, die etwas unsauberer war, als aus der Feder eines Philosophen stammen sollte.

CAMPANELLA , ein gewisser Seelenverwandter, allerdings ohne den latenten Atheismus von Giordano Bruno, war ein aus Cosenza stammender Dominikanermönch. Er wurde der Unzufriedenheit, möglicherweise der Ketzerei, verdächtigt und war siebenundzwanzig Jahre lang in einem engen Kerker eingesperrt. Er verführte seine erschöpfte Gefangenschaft mit dem Schreiben langer philosophischer Werke. Sie sind jedoch alle auf Lateinisch verfasst [1] und fallen daher nicht in den Rahmen dieses Bandes. Ich erwähne sie als Zeichen der Wiederbelebung des lange ruhenden Geistes der Wissenschaft und Spekulation. Campanella verteidigte Galileis Theorie der Rotation der Erde um die Sonne . Campanella erlangte 1629 seine Freiheit und zog sich nach Frankreich zurück, wo er von Kardinal Richelieu freundlich aufgenommen wurde.

Die erste Ausgabe des berühmten *Wörterbuchs der Accademia della Crusca* wurde 1613 veröffentlicht. Es ist merkwürdig, dass es trotz der allgemeinen Aufmerksamkeit, die es erregte, den Standard des Geschmacks und der Gelehrsamkeit nicht erhöhte, denn um ehrlich zu sein, produzierten minderwertige Autoren im Durchschnitt unglaublich schlechte Werke.

Im 17. Jahrhundert gab es einen Mangel an wirklich guten Autoren von Prosageschichten. Die *Geschichten* von CELIO MALASPINI sind rassig und amüsant und vermitteln einen anschaulichen Eindruck von den Sitten und Gebräuchen der ersten Hälfte des Jahrhunderts, aber sie sind oft unfein und weisen nur wenige Stilvorzüge auf, die sie empfehlen. TRAJANO BOCCALINI schrieb einige lebhafte politische und literarische Sticheleien, die in einer Zeit lange vor der Einführung der Zeitungen, in denen heute nur noch Schriften zu derart kurzlebigen Themen erscheinen, weite Verbreitung fanden.

Florenz konnte sich einer ausgewählten Schar von Philosophen rühmen: MAGALOTTI, VIVIANI, REDI und DATI, doch ihr Einfluss schien sich nicht über die Toskana hinaus auszudehnen. AUTON MARIA SALVINI war eine fleißige Grammatikerin und eine der Hauptverfasserinnen des oben genannten Wörterbuchs.

Der wohl bedeutendste Literat der letzten zehn Jahre des 17. Jahrhunderts war CRESCIMBENI, der Historiker der italienischen Poesie und Gründer der Arkadischen Akademie, die noch immer in Rom floriert. Er war ein Schriftsteller mit großem Talent und Urteilsvermögen, und er war sich der Übel, die aus den übertriebenen Metaphern und wilden Übertreibungen der Anhänger Marinos resultierten, besser bewusst als seine Zeitgenossen. Er suchte nach einem perfekten Vorbild für Poesie, und er fand es in den Werken von Angelo di Costanzo, und mit Sicherheit ist die gleichwertige Sanftheit und Raffinesse dieses Schriftstellers ungerührt von stürmischer Leidenschaft oder überwältigender Erhabenheit. Crescimbeni hätte unserer Meinung nach besser Dante, Petrarca und Ariosto ausgewählt haben können, um den heruntergekommenen Geschmack der Zeit zu reformieren; Dennoch sind die Schönheiten von Costanzo von hoher Qualität, und die Empfehlung trug gute Früchte.

Auch wenn man von keinem Schriftsteller des 17. Jahrhunderts sagen kann, dass er die höchste Spitze der Kunst erreicht hat, bleibt bei einem Rückblick auf die gesamte Periode der Eindruck von großem Einfallsreichtum und großer Denkkraft zurück .

[1] Seine Gedichte, hauptsächlich Sonette, sind auf Italienisch.

KAPITEL XII.

EIGENSCHAFTEN DER SCHRIFTSTELLER DES ACHTZEHNTEN JAHRHUNDERTS.

Die Gebote von Crescimbeni trugen gute Früchte, und sowohl die Prosa als auch die Poesie befreiten sich allmählich von den Geschmacksfehlern, die in der vorhergehenden Generation so offensichtlich waren. Die Verse wurden leichter und fließender, obwohl die konventionelle Ausdrucksweise oder die mythologischen Anspielungen leider nicht nachließen. Die Comic-Dichter waren zahlreich und begabt. Aber andererseits gab es weniger Ernsthaftigkeit und vielleicht auch weniger Originalität. Der Einfluss der französischen Literatur begann sich durchzusetzen und ist bis heute nicht abgeschüttelt worden. Die Tyrannei der Regierungen war nicht ganz so bedrückend. Die öffentliche Meinung begann sich gegen die eklatantesten Missbräuche aufzulehnen, und eine Reihe aufgeklärter Herrscher und Staatsmänner setzte die aufgeklärte Philanthropie Voltaires und die sentimentale Philanthropie Rousseaus in die Tat um. Tatsächlich gab es in der zweiten Hälfte des 18. Jahrhunderts in ganz Europa den Wunsch, das Wohlergehen der Menschen zu fördern, wie es im Zeitalter von Davila oder Filicaia nie der Fall war . Ludwig XVI. und Turgot in Frankreich, Karl III. und Aranda in Spanien, Pombal in Portugal, der Großherzog Leopold in der Toskana, sie alle waren eifrig für die Sache der Menschlichkeit und der Aufklärung. Selbst scharfsinnige Beobachter hatten den Eindruck, dass der Menschheit ein goldenes Zeitalter bevorstehe. Bedauerlicherweise zerstreuten die Schrecken und Verbrechen der Französischen Revolution diese erfreulichen Visionen brutal und lösten eine Reaktion aus, deren Auswirkungen den Fortschritt der Menschheit um viele Generationen zurückwarfen. Es ist herzzerreißend, darüber nachzudenken, wie anders die Entwicklung Europas verlaufen wäre, wenn der äußerste Teil der französischen Republikaner untergeordnet worden wäre und Roland anstelle von Robespierre die Geschicke Frankreichs geleitet hätte.

Die Eroberungen Napoleons vollendeten, was die Schreckensherrschaft begonnen hatte. Alte Missbräuche wurden beseitigt, aber nur um einer noch hoffnungsloseren und unerbittlicheren Tyrannei Platz zu machen. Der Verlust an Menschenleben und Schätzen war enorm, und der Rückgang des Reichtums Italiens wurde deutlicher denn je.

Den Autoren ging es in diesem Jahrhundert eher schlecht. Die Fürsten, die wahrscheinlich dem Beispiel des frivolen Hofes Ludwigs XV. folgten, gaben nicht einmal mehr vor, Wissenschaft und Literatur zu fördern. Wir hören von keinem Dichter, der auch nur die prekäre und launische

Schirmherrschaft erhielt, die Tasso und Ariosto zuteil wurde. Metastasio war der einzige Dichter, der sich im Sonnenschein der königlichen Gunst sonnte , und er verdankte seinen Wohlstand dem Hof von Wien und nicht dem Hof von Sardinien oder Neapel. Die Schirmherrschaft der Großen wurde zurückgezogen, und die des Publikums hatte kaum begonnen. So hatten Schriftsteller, sofern sie nicht über ausreichende Mittel verfügten, erbitterte Kämpfe mit Armut und Dunkelheit. Einige, wie Muratori und Parini , traten in die Kirche ein und wurden Mönche oder Abbés . Andere, wie Baretti und Algarotti , suchten ihr Glück in fremden Ländern. Die unverschämte Piraterie von Büchern und die unerlaubte Aufführung von Theaterstücken beraubten selbst populäre Autoren des Lohns ihrer Arbeit . Nachdem Goldoni viele Jahre damit verbracht hatte, Komödien zu produzieren, die Applaus verdienten und erhielten, war er froh, in Frankreich als Vorleser der italienischen Sprache für die drei Töchter Ludwigs XV. ein Asyl zu finden.

Das große Verdienst des 18. Jahrhunderts war in Italien wie anderswo seine Unbeschwertheit und Menschlichkeit; der große Mangel, sein Materialismus und seine Frivolität. Tatsächlich kann man sich kaum eine bedrückendere Atmosphäre vorstellen, als sie viele italienische Dichter umgab, insbesondere zu Beginn des Jahrhunderts; und unglücklicherweise verschlimmerten die zahlreichen Literaturakademien, die überall auf der Halbinsel errichtet wurden, das Übel, statt es einzudämmen, sondern vielmehr, indem sie ihre Aufmerksamkeit, mit wenigen Ausnahmen, den Themen und Gedanken der unbedeutendsten Art widmeten. Diese Frivolität fehlt auch in den Werken von Metastasio, einem der entzückendsten Dichter, die Italien je hervorgebracht hat.

KAPITEL XIII.

METASTASIO.

PIETRO TRAPASSI wurde am 3. Januar 1698 in Rom geboren. Seine Eltern stammten aus einfachen Verhältnissen und er ging bei einem Goldschmied in die Lehre. Er war von Natur aus mit einer musikalischen Stimme ausgestattet und erregte bald Aufmerksamkeit, indem er nicht nur die Verse anderer wiederholte, sondern auch eigene Verse improvisierte. Gian Vincenzo Gravina , ein literarischer Mann jener Zeit, gehörte zu denen, die sich für das Wunderkind interessierten, und er schätzte die natürlichen Fähigkeiten des Jugendlichen so sehr, dass er beschloss, ihn zu erziehen und ins Leben zu bringen. Noch nie hat ein Wohltäter seine Güte einem würdigeren Objekt geschenkt. Gravina änderte den Namen des Jungen von Trapassi in METASTASIO und brachte ihm nicht nur Griechisch und Latein bei, sondern führte ihn auch in das Studium der Rechtswissenschaften ein, in denen er selbst ein Experte war. In seinem Testament hinterließ er seinem Schützling fünfzehntausend Scudi, damit dieser Zeit hatte, seine intellektuellen Fähigkeiten zu entwickeln.

Leider war Metastasio noch jung und sein plötzlicher Reichtum verdrehte ihm den Kopf. Die fünfzehntausend Scudi waren bald in der Gesellschaft von Freunden ausgegeben, die ihn verließen, als sie merkten, dass er sie nicht mehr wie zuvor unterhalten konnte. Er erwachte aus seinem Traum vom Wohlstand und fand sich einsam und vernachlässigt in der weiten Wildnis Roms wieder. Um sein Unglück noch zu verschlimmern, hatte Papst Clemens XI. durch die Extravaganz seines Verhaltens Vorurteile gegen ihn entwickelt. Er sah, dass es in Rom keine freie Stelle für ihn gab, und beschloss, auf seine juristischen Kenntnisse zurückzugreifen und das Büro eines Notars in Neapel anzutreten.

Die italienische Oper begann zu dieser Zeit ihre glänzende Karriere, und Metastasio hatte in Rom ein Musikdrama geschrieben, das großen Beifall erhielt. Ein neapolitanischer Manager, der auf der Suche nach einem Libretto war, hörte, dass der junge römische Dichter in der Stadt war, und beauftragte ihn, ein Werk für sein Theater zu schreiben. Metastasio produzierte *Gli Orti Esperidi* . Es war ein glänzender Erfolg. Die berühmte Sängerin Marianna Bulgarelli , mit Nachnamen „La Romanina ", erschien als Venus, und zwischen ihr und der Dichterin begann eine lebenslange Freundschaft. Sein nächstes Werk, *Didom Abbandonata war* ein noch größerer Triumph, und – wunderbar für ausgewählte Tage – zog der Dichter aus seinem Erfolg einen stattlichen finanziellen Gewinn. Er konnte seine Schulden rechtzeitig begleichen und nach Rom zurückkehren. Hier empfing er die heiligen Weihen und wurde fortan als Abbé Metastasio bezeichnet.

Kaiser Karl VI. war ein leidenschaftlicher Musikliebhaber und hatte nicht nur eine italienische Gesellschaft in Wien, sondern auch einen italienischen Dichter, der die Texte der Opern schrieb, für deren Vertonung seine Lieblingskomponisten den Auftrag erhielten . Der Dichter trug den Titel „ Poeta" . Cesareo " und genoss ein großzügiges Stipendium. Den Posten übernahm Apostolo Zeno, ein Venezianer, der, als er wegen fortgeschrittener Jahre in den Ruhestand ging, den brillanten Metastasio als seinen Nachfolger empfahl. Dementsprechend machte sich Metastasio 1730 auf den Weg nach Wien und Obwohl er noch zweiundfünfzig Jahre lebte, kehrte er nie in sein Heimatland zurück.

Seine alte Freundin, Marianna Bulgarelli , starb einige Jahre, nachdem er nach Österreich gegangen war, und sie hinterließ ihm einen großen Teil ihres beträchtlichen Vermögens. Er weigerte sich jedoch, es anzunehmen, da er der Meinung war, dass es an ihren Mann hätte gehen sollen, dem es dementsprechend übergeben wurde.

Metastasio ist der einzige Libretti-Autor, dessen Werke die Würde eines Klassikers erlangt haben. Tatsächlich erinnert man sich noch heute an sie, obwohl die Komponisten, die sie vertonten, in Vergessenheit geraten sind. Einige seiner Dramen scheinen von mehreren Komponisten nacheinander verwendet worden zu sein, und eines, *La Clemenza di Tito, das* am 4. November 1734 zum ersten Mal mit der Musik von Caldara in Wien aufgeführt wurde, wurde viele Jahre später von ihm verwendet berühmter Mozart.

Die höchste Gunst der kaiserlichen Familie wurde Metastasio während der Herrschaft Karls VI. zuteil und wurde von Kaiserin Maria Theresia und ihrem Sohn Joseph II. fortgeführt. Es war nur natürlich, dass er im Gegenzug größte Loyalität verspürte, und als das Haus Habsburg im Österreichischen Erbfolgekrieg und später im Siebenjährigen Krieg schwere Rückschläge erlitt, empfand er tiefes Mitgefühl mit seiner kaiserlichen Geliebten .

Alfieri erzählt uns in seinen *Memoiren* , dass er Metastasio vielleicht während seines Aufenthalts in Wien kennengelernt hätte, dass er ihn aber eines Tages im Park von Schönbrunn gesehen habe , wie er Maria Theresia mit einer Miene so fröhlicher Bewunderung die übliche Ehrerbietung darbrachte, dass er empfand die größte Verachtung für einen so unterwürfigen Dichter. Aber das treibt die Unabhängigkeit sicherlich an den Rand der Unhöflichkeit. Wenn Metastasio keinen Grund hatte, seine Dankbarkeit zu zeigen, wer dann? Und der glühendste Gegner der Tyrannei muss zugeben, dass Maria Theresia über Eigenschaften verfügte, die ihr einen hohen Rang unter den

Monarchen nicht nur ihres eigenen Jahrhunderts, sondern auch der vergangenen und künftigen einbrachten.

Metastasio lebte ein halbes Jahrhundert lang in ununterbrochenem Wohlstand in Wien, und als er am 12. April 1782 starb, wurde er im Land seiner Adoption und seiner Geburt allgemein bedauert. Er häufte ein stattliches Vermögen von einhunderttausend Gulden an, das er der Familie des Ratsherrn Martinez hinterließ, bei dem er seit seiner Ankunft in Wien lebte.

Die Popularität von Metastasios Werken war zu seinen Lebzeiten grenzenlos. Er ist von allen italienischen Dichtern für einen Ausländer am leichtesten zu verstehen. Aus Rücksicht auf die Komponisten wählte er nur diejenigen Wörter aus, die sich am besten zum Singen eigneten. Daher ist sein Wortschatz etwas begrenzt und er neigt dazu, die gleichen Bilder zu wiederholen. Der Aufbau seiner Phrasen ist einfach und er bietet dem Leser keine obskuren Passagen, die er lösen müsste. Er ist weder sehr tiefgründig noch sehr malerisch; er ist im Wesentlichen musikalisch. Aber er hatte einen schönen Geist, und seine Zärtlichkeit und sein Pathos strahlen Frische und Reinheit aus. Der Dialog seiner Dramen ist zwar musikalisch in Versform, aber inhaltlich nicht beeindruckend, aber jede wichtige Figur erhält vor dem Verlassen der Bühne oder am Ende eines Aktes ein Lied, und zwar aufgrund dieser herrlichen Lieder dass Metastasio uns auch heute noch bezaubert. Sie sind so musikalisch, dass sie geradezu selbst singen. Sie sind so klar und pointiert im Ausdruck, dass sie sich leicht ins Gedächtnis einprägen. Seine Handlungsstränge entnimmt er der Alten Geschichte und der Mythologie, für seine Oratorien die Bibel. Die lokale Farbgebung ist nicht immer sehr lebendig, und wir sehen zu oft das gepuderte Haar und die roten Absätze aus der Zeit des Rokoko. Aber die Geschichten haben viel Geist und menschliches Interesse, und wenn Helden wie Titus und Cäsar zu sehr in der Art verliebter Kerle seufzen , tun sie dies in Zeilen, die so melodisch sind, dass man ihnen die Verzeihung nicht verweigern kann. Aus den Liedern von Metastasios Opern lässt sich eine exquisite Auswahl treffen, in denen wir zarte, schöne und geniale Gedanken finden, die in einer wunderbar spontanen, frischen und eindringlichen Sprache zum Ausdruck kommen. Die Bedeutung ist so eng mit der Musik des Verses verbunden, und diese Musik ist der italienischen Sprache so eigen, dass der subtile Charme des Originals in der Übersetzung verschwinden würde.

Ich werde einige der besten zitieren.

Im *Didone Abbandonata beauftragt Dido ihre Schwester Selene, die selbst in Æneas* verliebt ist , ihm zu versichern, dass sie ihn jemals lieben wird. Selene verlässt die Bühne, nachdem sie das folgende Lied gesungen hat. Die Passagen in Klammern sollen Randbemerkungen sein:

Dirò che fida sei,
Su la mia fè riposa ;
Sarò pro te Pietosa ;
(Für mich, Crudel sarò .)

Sapranno ich labbri Miei
Scoprirgli il tuo Desio .
(Ma la mia pena , oh Dio !
Come nasconderò ?)

Dido verteidigt ihre königliche Würde:

Sohn Regina , und Sono amante ;
E l' impero io sola voglio
Del mio soglio e del mio cor.

Darmi Legge in van vorgetäuscht
Chi l' arbitrio a me contende
Della gloria e dell'amor.

Selene sagt, dass jeder Liebhaber denkt, dass Schönheit allein ihn zum Verlieben bringt; aber es ist nicht Schönheit, es ist ein inniger Wunsch, der unerwartet aufkommt, der uns erfreut, und wir wissen nicht warum:

Ogni Amateur suppone
Che della sua ferita
Sia la beltà cagione ,
Ma la beltà non è.

È un bel desio , che nasce
Allor che men s'aspetta ;
Si sente che diletta ,
Ma non si sa perchè .

Im *Artaserse* , Mandane fleht Arbace an , sie nicht zu vergessen, so wie sie ihn nicht vergessen wird:

Konservative Fedele ;
Pensa ch'io resto e peno ;
E qualche volta almeno
Ricordati di me.

Ch'io per virtù d'amore ,
Parlando col mio core,
Ragionerò con te .

Im Oratorium *des Gioas* Ismaele sagt, dass die Rasse Davids nicht ausgerottet ist, wie angenommen wurde, und vergleicht sie mit einer Blume, die aus einem schmachtenden Zustand wieder aufersteht, und mit einer Fackel, die neues Licht ausstrahlt, als sie zu sterben schien:

Pianta Così , che pare
Estinta , inaridita ,
Torna mehr bella in vita
Talvolta a germogliar .

Gesicht così talora ,
Che par che manchi e mora,
Di maggior Lumen Adorna
Ritorna ein Szintillar .

In der *Olimpiade* , Argene , als Hirtin verkleidet, singt mit einem Chor von Jungfrauen das Lob des Waldes:

Coro.

Oh, pass auf dich auf , oh cara
Felice libertà !

Argene .

Qui se un piacer si Gott,
Parte non v'ha la frode ,
Ma lo condisce a gara
Amore e fedeltà .

Coro.

Oh, pass auf dich auf , oh cara
Felice libertà !

Argene .

Qui poco ognun Possiede ,
Ericco _ ognun si Glaubensbekenntnis ;
Ne, mehr bramando , impara
Che cosa è povertà .

Coro.

Oh, pass auf dich auf , oh cara

Felice libertà !

Senza custode o mura
La Pace è qui sicura ,
Che l'altrui voglia Avara
Onde allettar non ha.

Coro.

Oh, pass auf dich auf , oh cara
Felice libertà !

Megacle erklärt, dass er, wie er seinem Freund im Wohlstand folgte, ihm auch in der Not zur Seite stehen wird:

Lo seguitai Felice
Quand 'era il ciel sereno ;
Alle Unwetter in Seno
Voglio seguirlo Anker .

Komm aus dem Gold , erlebe die unreine
Masse,
erlebe das Abenteuer
, die falschen Freunde des
Cor.

Aminta vergleicht sich in seinem Unglück mit einem Schiffbrüchigen, der alle Hoffnung aufgibt und sich seinem Schicksal überlässt:

Son qual per mare ignoto
Naufrago passegiero ,
Già con la morte a nuoto
Ridotto a contrastar .

Ora un sostegno , ed ora
Perde una stella; Alles klar,
Perde la speme ancora ,
E s' abbandona al mar.

Der Chor und der Halbchor flehen Jupiter an, ein Sakrileg zu verzeihen:

Coro.

Ich tuoi strali , terror de mortali ,
Ah! sospendi , Großvater von Numi ,
Ah! deponi , gran Nume de' re.

Parte del Coro.

Fumi the tempio del sangue of an empio
Che oltraggiò con wahnsinnig Furore ,
Sommo Giove , eine Vorstellung davon .

Coro.

Ich tuoi strali , terror de' mortali ,
Ah! Sospendi , Großvater von Numi ,
Ah! deponi , gran Nume de' re.

Parte del Coro.

L'onde Chete del Pallido Lete
L'empio Varchi ; Ma il nostro timore ,
Ma il suo fallo portando con se.

Covo .

Ich tuoi strali , terror de' mortali ,
Ah! Sospendi , Großvater von Numi ,
Ah! deponi , gran Nume de' re.

In der Oper von *Demofoonte* Dircea erklärt Timante ihre Bestandigkeit :

In te spero , o sposo Amato ,
Fido a te la sorte mia ;
E per te , qualunque sia ,
Sempre cara a me sarà .

Pur che a me nel morir mio
Il piacer non sia negato
Di vantar che Tua son io,
Il morir mi piacerà .

Creusa stellt das Glück der Urzeit der Künstlichkeit der Gegenwart
gegenüber:

Felice età dell'oro ,
Bella innocenza antica
, Quando al piacer nemica
Non era la virtù !

Dal fasto und dal decoro
Noi ci troviamo Unterdrückung ;
E ci formiam nein, ich stessi
La nostra servitù .

In der *Isola Disabitata beklagt Costanza* ihren verlassenen Zustand:

Se non piange un' infelice ,
Da' viventi separata,
Dallo sposo abbandonata ,
Dimmi , oh Dio , chi piangerà ?

Chi può dir ch'io Pianga a torto ,
Ich bin nicht in der Lage, meine Läuse
zu töten misero conforto
D'ottener l' altrui pietà?

In der *Clemenza di Tito* erklärt Titus, dass er, wenn er nicht durch Liebe
regieren kann, nicht durch Furcht regieren wird:

Siegel als Impero , amici Dei!
Notwendig ist ein Cor severo ,
O togliete a me l' impero ,
O a me date un altro cor.

Se la fe de' regni miei
Con l'amor non assicuro ,
D'una Fede io non mi curo
Che sia Frutto del Timor .

Der Chor erklärt, dass es nicht verwunderlich sei, dass die Götter einen so
edlen Prinzen wie sie selbst beschützen:

Che del Ciel, che Degli Dei
Tu il pensier , l'amor tu sei,
Grand' eroe , nel Giro angusto
Si mostrò di questo dì .

Mein Vater ist nicht mein Freund , Felice
Augusto , er
ist derjenige , der ihn liebt
Così .

Im *Temistokles* _ Rossane gibt zu, dass sie von Eifersucht abgelenkt ist:
>Basta dir ch ' io sono amante ,
>Per saper Che ho già nel petto
>Questo barbaro sospetto ,
>Che avvelena ogni piacer ;
>
>Che ha cent' occhi , e pur travede ,
>Che il mal finge , il ben non crede ;
>Che Dipinge nel sembiante
>I deliri del pensier .

Serse erklärt, dass Schweigen beredter sei als Worte:
>Quando parto , e non rispondo ,
>Si comprendermi pur sai ,
>Tutto dico il mio Nachdenklicher .
>
>Il silenzio è ancor facondo ,
>E talor si spiega assai
>Chi antwortet col tacer .

Temistokles fürchtet keine Folter und ist stolz auf den Tod:
>Serberò fra ceppi ancora
>Questa fronte Ognor Serena;
>E la colpa , e non la pena ,
>Che può farmi impallidir .
>
>Reo Sohn io; convien ch ' io mora,
>Se la fede error s'appella ;
>Ma per colpa così bella
>Son superbo di morir .

Es ist ein Naturgesetz, dass wir für das Leid, das wir selbst empfunden haben, empfinden:
>Es gibt viele Naturkenntnisse
>, die Sie mit Move
>Chi vergleichen können una Abenteuer
>Che noi provammo Anker ;
>
>O sia che amore in noi
>La somiglianza Accenda ;
>O sia che mehr s'intenda
>Nel suo l'altrui dolor.

Ein edler Gefangener fühlt sich seinem grausamen Unterdrücker überlegen:
>Guardami prima in volto ,
>Anima vile, e poi

Giudica pur di noi
Il vincitor qual è.

Tu libero e disciolto ,
Sei di pallor dipinto;Io di catene avvinto ,
Sento pietà di te .

Anbetung der Göttlichkeit:
liebe dich allein ,
Mente unendlich ,
Fonte di vita,Di verità ;

In cui si move,
Da cui dipende
Quanto Umfassen Sie
die Ewigkeit .
Ein treuloser Freund wird niemals ein treuer Liebhaber sein:
Avran le serpi , O cara ,
Con le colombe il nido ,
Quando un amico infido
Fido amator Sara .

Nell' anime innocenti ,
Varie non son fra Loro
Le limpide Sorgenti
D'Amore e d'amistà .
Wenn die Sorgen aller bekannt wären, wie wenige würden beneidet werden:
Sehen Sie sich um l'interno affanno
Si vedesse in fronte Geschrieben ,
Quanti Mai ch ' invidia fanno ,
Ci farebbero pietà!

Si vedria che i lor nemici
Hanno in seno ; e si Befreien Sie sich
von Nel parere a noi Felici
Ogni lor felicità .

Das Zeitalter des Goldes lebt noch immer in den Herzen der Unschuldigen:
Ah! ritorna , età dell'oro ,
Alla terra abbandonata ,
Se non fosti immaginata
Nel sognar Glückwunsch .

Nein niemals ; quel dolce stato
Non fuggì , non fu sognato ;
Ben lo sente ogn ' unschuldige
Nella sua Ruhe .

KAPITEL XIV.

PARINI.

Das 18. Jahrhundert war zwar frivol und luxuriös, aber auch malerisch und elegant. Das Zeitalter des Dresdner Porzellans , das Zeitalter von Watteau und Liotard in der Malerei muss auch in der Poesie ihren Eindruck raffinierter Fröhlichkeit hinterlassen haben. Wir finden diese Eindrücke in den Satiren von Pope, in den leichteren Gedichten von Voltaire und in den musikalischen Versen von Parini .

GIUSEPPE PARINI wurde am 22. Mai 1729 als Sohn einfacher Eltern in Bosisio , einem Weiler im Bezirk Mailand, in der Nähe des Pusiano -Sees, geboren . Er wurde in Mailand am Arcimboldi-Gymnasium unter der Leitung des Barnabiten unterrichtet Väter. Er zeigte ausgeprägte Fähigkeiten und eine starke Neigung zur Literatur. Aber er musste von seinen Eltern unterstützt werden, und die Notwendigkeit zwang ihn, Jurist zu werden. Dieser Beruf verschaffte ihm die Möglichkeit, Theologie zu studieren, und er trat in das Priestertum ein. Im Jahr 1752 veröffentlichte er seinen ersten Gedichtband, der, so unreif er auch war, genügend vielversprechende Elemente enthielt, um viele Freunde und Bewunderer für ihn zu gewinnen, und er wurde zum Mitglied der Akademie der Trasformati von Mailand und des Arcadia von Mailand gewählt Rom.

Dennoch befand er sich in großer Not, und die Armut zwang ihn, Hauslehrer in Privatfamilien zu werden, und als sein Vater starb, verkaufte er das ihm zugefallene Stück Land, um seine Mutter mit dem Lebensnotwendigen zu versorgen. Aber trotz des Unglücks ruhte sein Ehrgeiz nicht, und er beschloss, dass nichts aus seiner Feder das Licht der Welt erblicken sollte, bis es den höchsten Gipfel der Perfektion erreicht hatte. Er entwarf den Plan für sein großes Werk „ *Il Giorno* “, und der erste Teil mit dem Titel „ *Il Mattino* “wurde 1763 veröffentlicht, der zweite Teil mit dem Titel „ *Meriggio* “zwei Jahre später.

Graf Firmian , der österreichische Gouverneur der Lombardei, ließ sich durch Parinis Ruf dazu bewegen, ihm die Redaktion eines Amtsblatts anzuvertrauen, und übertrug ihm später und nach der Unterdrückung der Jesuiten den Posten eines Professors für Literatur an der Palatinischen Schule in Mailand Er wurde in derselben Funktion an das College of the Brera berufen. Durch diese Termine wurde seine Situation etwas angenehmer, aber sein Gesundheitszustand verschlechterte sich allmählich. Eine Erkrankung der Beinmuskulatur schien ihn daran gehindert zu haben, seine Gliedmaßen frei bewegen zu können, und mit den Jahren wurde es so schlimmer, dass er schließlich kaum noch gehen konnte. Was sein Unglück noch verschlimmerte, war sein Geist unabhängig und sein Urteil über Menschen und Bücher scharf und sogar scharfsinnig. Dadurch machte er sich viele Feinde, und als Graf Firmian starb, verlor er seine Ämter genau zu dem Zeitpunkt, als er Unterstützung für seine letzten Jahre brauchte. Sein Sehvermögen ließ ihn durch übermäßiges Lernen im Stich, und am fünfzehnten August 1799 kam ihm schließlich der Tod wie eine Erlösung.

Sein Ruhm als großer Dichter ruht ausschließlich auf *Giorno*. Der dritte Teil, *Il Vespro*, und der vierte, *La Notte*, wurden erst nach seinem Tod veröffentlicht. Obwohl ihn das Werk fast vierzig Jahre lang beschäftigte, blieb es doch unvollendet, da *La Notte* noch mit ein paar Zeilen abgeschlossen werden musste. Er war einer jener Dichter, die ihre Werke immer wieder neu schreiben, bis sie den letzten Punkt der Ausarbeitung erreicht haben. Sein Geist war nicht sehr fruchtbar, und wenn ihm ein Gedanke kam, war er zu kostbar, um ihn zu verwerfen, bevor er nicht mit allen Mitteln seiner Kunst geschmückt worden war.

Diese Kunst ist im besten Fall brillant gelungen. Sein leerer Vers erlangte eine Vollkommenheit, die es in der italienischen Sprache noch nie gegeben hatte. Tatsächlich ist sein leerer Vers seinen Reimen um Längen überlegen. Seine Sonette und Oden sind der besseren Klasse ähnlicher Produktionen seiner Zeit kaum vorzuziehen, aber sobald er zu leeren Versen zurückkehrt, erlangt er alle Kräfte seines Geistes zurück und wird als größter Vorteil gesehen. Der einzige Fehler seines Stils besteht darin, dass er gelegentlich steif und schwer wird, was wahrscheinlich auf übermäßige Ausarbeitung zurückzuführen ist. Sein besonderer Vorzug ist seine Bildhaftigkeit. Es ist unmöglich, fünfzehn oder zwanzig aufeinanderfolgende Zeilen in seinen Kompositionen zu lesen, ohne auf ein Bild zu stoßen, das ein Maler auf seiner Leinwand wiedergeben könnte.

Diese Qualität der Bildhaftigkeit ist besonders in seinem besten Werk *Il Giorno zu beobachten*, einem Scheinheldengedicht in leeren Versen, das einen Tag im Leben eines Mailänder Adligen beschreibt. Als Sittensatire muss es etwas Wahres an sich gehabt haben, denn ein Anführer der Mailänder Gesellschaft, Prinz Belgiojoso, war von der Ähnlichkeit seines Helden mit sich selbst so beeindruckt, dass er eines Abends einige Raufbolde anheuerte, um dem Autor aufzulauern und ihn brutal zu verprügeln.

Parinis Erfahrungen als Lehrer in Adelsfamilien scheinen nicht sehr glücklich gewesen zu sein, und seine Wut erregte sich gegen eine Klasse, die selbst in ihren besten Zeiten dazu neigt, leichtfertig und zügellos zu sein. Das große Verdienst des Gedichts ist seine Bildhaftigkeit und Originalität; Der große Mangel ist die Monotonie des Stils, jedoch nicht der Gedanken oder Bilder. Es hat alles eine Note, nämlich die der ausgefeilten Ironie. Er gibt vor, Dinge zutiefst zu verehren, die er zutiefst verachtet. Die Schwierigkeit, diesen Ton beizubehalten, ist oft schmerzlich offensichtlich. Ein weiterer Mangel besteht darin, dass das Gedicht im Gegensatz zu „*Rape of the Lock*" keine zusammenhängende Geschichte bietet. Es begleitet den Helden von der Morgentoilette bis zum Mitternachtsball. Ohne diese eine Figur zu verlassen, entsteht eine gewisse Monotonie, die der Autor durch ein paar glückliche Abschweifungen abgemildert, aber nicht beseitigt hat. Wenn die Ironie nicht immer so offensichtlich betont würde, wäre sie gleichzeitig wirkungsvoller und künstlerischer.

Als Beispiel für Parinis Stil können wir die exquisite Passage aus dem ersten Teil des *Giorno zitieren* , wo der Held, nachdem er seine Schnupftabakdose genommen hat, sich mit seinen Ringen und seinen Uhren schmückt (denn im Zeitalter von Parini war es so). (Mode, von allem zwei zu tragen) und das Kristallmedaillon mit dem Porträt seiner Liebe.

> „Ecco a molti colori oro distinto ,
> Ecco nobil testuggine , su cui
> Voluttuosi Immagini lo sguardo
> Invitan degli Eroi . Kopie Squisita
> Di fumido Vergewaltigen quivi è serbata ,
> E di Spagna oleoso , onde lontana ,
> Pur come suol fastidioso Einschub ,
> Datum _ fugga la noia . Ecco che smaglia ,
> Cupido a te di circondar le dita,
> Vivo splendor di preziosa anella .
> Ami la pietra ove si Stanno ignude
> Sculte le Grazie , che il giudeo ti Kot
> Creder opra d' Argivi , allor ch'ei Chiese
> Tanto tesoro , und der
> gelehrte Name Ti compartì , prostrandosi a
> tuoi piedi ?
> Vuoi tu ich lieti Rubini ? Das Beste daran
> ist, dass Sceglier diese Aufgabe erfüllt l'indico
> Adamante
> Là tauchte den Lusso Incantata costrinse
> Die Fatica und der Schweiß des Cento Buoi
> Che Pria vagando per le di Kampagne
> Faccean unter der Erde _ böse ich Beni ?
> Prendi o tutti o qual vuoi ; ma l'aureo cerchio
> Che sculto intorno è d'amorosi Motti
> Ognor Teco si vegga , il minor dito
> Premati alquanto , e sovvenir ti faccia
> Dell' altrui Fida Sposa a cui se' caro .
> Vengane alfin de gli oriuoi gemmati ,

> Venga il duplice Pondo ; ea te dell'óro Che
> al alte beeindrucken dispensar conviene
> Faccia rigida prova . Ohimè che vago
> Arsenal minutissimo di cose
> Ciondola Quindi und Ripercosso insieme
> Molce con soavissimo tintinno !
> Ma v' hai Tu das Beste ? Ah ja ; che ich miei
> Precetti
> Sagace prevenisti . Ecco risplende ,
> Chiuso in breve cristallo , il dolce pegno
> Di fortunato amor: longe, o profani !
> Chè a voi tant ' oltre penetrar non lice."

Dies ist ein Stil, der bis zum letzten Grad der Perfektion gemeißelt und vollendet wurde; aber es fehlt etwas an Leichtigkeit, und seine Steifheit ist sogar in diesem Zitat spürbar, viel mehr im Umfang des gesamten Gedichts. Parini mangelte es etwas an Zärtlichkeit, und dieser Mangel verleiht Teilen seiner Arbeit einen dürren Eindruck.

In diesem Mangel an Zärtlichkeit war er ganz anders als Pope, mit dem er ansonsten viele Ähnlichkeiten hatte. Beide waren Dichter der hochentwickelten Zivilisation ihres Jahrhunderts. Beide waren von Natur aus äußerst satirisch. Beide lebten in Städten, Pope verließ London und seine Umgebung selten und Parini wurde selten außerhalb der Bezirke Mailands gesehen. Beide litten unter einem empfindlichen Gesundheitszustand und Missbildungen. Beide wurden von ihren Zeitgenossen zutiefst bewundert und galten als Meister der Poesie. Pope war jedoch im Laufe seines Lebens außergewöhnlich wohlhabend und Parini besonders unglücklich. Der Geist des italienischen Dichters war weit weniger feurig und ungestüm. Er war auch weitaus weniger produktiv und vielseitig. Pope schuf acht oder zehn Meisterwerke, von denen jedes allein seinen Ruhm verewigen würde; Parini nur einer. Popes Geist scheint oft zu brennen, so leidenschaftlich und strahlend sind die Ausstrahlungen seines Genies. Das Licht von Parinis Versen ist weicher und sanfter, und wenn er uns nicht mit der blendenden Pracht von Pope in seiner besten Form verblüfft, füllt er das Ohr mit musikalischen Linien und befriedigt die Fantasie, indem er Bilder heraufbeschwört, die wie feinste Miniaturen aussehen. unendlich angenehm und kostbar für einen kultivierten Geschmack.

Kapitel XV.

ALFIERI.

Italien hatte großartige Epen, edle Texte und temperamentvolle Satiren hervorgebracht, aber bis zur Mitte des 18. Jahrhunderts hatte es keine einzige Tragödie hervorgebracht, die sich mit den tragischen Meisterwerken anderer Nationen messen konnte. Schließlich wurde 1749 in Asti im Piemont der Dichter geboren, der gewissermaßen dazu bestimmt war, den Bedarf zu decken.

VITTORIO ALFIERI wurde als Sohn adeliger und wohlhabender Eltern geboren. Sein Vater starb kurz nach seiner Geburt, und seine Mutter heiratete erneut und überlebte bis 1792. In seiner Autobiographie hat er uns ein vollständiges Bild seines Lebens und seiner Zeit hinterlassen. Seine Verwandten blickten auf Gelehrsamkeit und Wissenschaft herab, und ihm wurde beigebracht, dankbar zu sein, dass er nicht studieren musste. Er lernte ein wenig Latein und viel Französisch, und das war praktisch alles, was er vom College mitnahm. Er trat in die piemontesische Armee ein, empfand die Routine militärischer Pflichten jedoch als so lästig, dass er den König um Erlaubnis bat, in fremde Länder zu reisen, und diese auch erhielt. Er wurde Ludwig XV. in Versailles und Friedrich dem Großen in Potsdam geschenkt. Er besuchte Schweden und Russland, Holland und England, Spanien und Portugal. Er mochte die Holländer und die Engländer am meisten und fand in ihren Ländern die wohltuende Wirkung jener Freiheit, die er liebte und der er die Früchte seines Genies widmete. Die Entwicklung seiner intellektuellen Kräfte verlief jedoch phänomenal langsam. Er hatte seine eigene Sprache praktisch vergessen und musste sie sich neu aneignen. Er war mit einer feurigen und ungestümen Natur und einer intensiven Denkkraft ausgestattet , aber die Fruchtbarkeit seiner Vorstellungskraft entsprach nicht seinen anderen Kräften. Daher musste er warten, bis ihm Studium und Beobachtung genügend Material geliefert hatten, um schreiben zu können. Dies ist die wahre Erklärung für den trägen Zustand seines Intellekts über so viele Jahre hinweg.

Eine Dame aus Turin, die ihm sehr am Herzen lag, erkrankte gefährlich, und während er in den mühsamen Stunden der Genesung bei ihr saß, fiel sein Blick auf einige Wandteppiche in ihrem Zimmer, die die Geschichte von Antonius und Kleopatra darstellten. Ihm kam der Gedanke, dass man über ihre Liebe eine schöne Tragödie schreiben könnte, und er versuchte, den Versuch zu wagen. Ihm gefiel die Beschäftigung, und sein ehrgeiziger Geist wurde von der Hoffnung befeuert, der Welt endlich beweisen zu können, dass Italien ebenso einen großen tragischen Dichter hervorbringen konnte wie Griechenland, Frankreich und England. Er hielt durch und überwand durch Arbeit und Studium die Schwierigkeiten seiner Aufgabe, nicht zuletzt seine Unfähigkeit, sich in seiner Muttersprache auszudrücken, so dass er seine Ideen zunächst auf Französisch niederschreiben musste sie in italienische Prosa zu übersetzen und schließlich die Prosa so zu verändern, dass sie zu Versen wurde. Sein heldenhafter Fleiß war von einem gewissen Erfolg gekrönt, und wenn er kein italienischer Shakespeare oder Sophokles wurde, genießt er zumindest die Auszeichnung, der erste italienische Tragödienautor zu sein, der von Literaturhistorikern ernsthafte Beachtung verdient.

Sein großer Reichtum ermöglichte es ihm, Vergnügungen und Beschäftigungen nachzugehen, die seine Aufmerksamkeit oft von seiner dichterischen Arbeit ablenkten . Er liebte besonders Reiten und Pferde und unternahm mehrere Pilgerreisen nach England, um sein Gestüt aufzufüllen. Die englische Literatur scheint nicht viel von seiner Aufmerksamkeit beansprucht zu haben. In seiner Autobiographie erwähnt er die Werke von Pope und sagt, dass er sich mit Shakespeare beschäftigt habe und sich seiner Fehler voll bewusst geworden sei. Es wäre gut gewesen, wenn er sich seiner Schönheit ebenso bewusst gewesen wäre und wenn er ein Spiegelbild ihrer Regenbogenfarben hätte einfangen können, um seine eigenen statuarischen Tragödien zu beleuchten.

In späteren Jahren machte er Bekanntschaft mit Louisa Stolberg, Gräfin von Albany, der Frau von Charles Edward, dem jungen Prätendenten, und sie flüchtete bei ihm vor der Brutalität ihres betrunkenen Mannes. Sie gingen zusammen nach Paris, und dort veröffentlichte er 1789 seine Tragödien in vier Bänden. Sie blieben in Paris, erschüttert von der Hektik der Großen Revolution, bis zum allerletzten Moment, der mit der Sicherheit vereinbar war; und 1792 kehrten sie gerade rechtzeitig nach Italien zurück, um den Massakern im September zu entgehen. Sie ließen sich in Florenz nieder, wo er sich damit vergnügte, Griechisch zu lernen und einige der Tragödien des Euripides zu übersetzen. Er starb 1803 und die Gräfin von Albany ließ von Canova ein prächtiges Denkmal zu seiner Erinnerung in der Kirche Santa Croce errichten.

Alfieri war ein fruchtbarer Schriftsteller, wie man es von seinem unermüdlichen Fleiß erwarten konnte, der zu seinen hervorstechendsten Merkmalen gehörte. Er schrieb zahlreiche Gedichte und Satiren, fast dreißig Tragödien, mehrere Komödien, Übersetzungen aus dem Griechischen und Lateinischen, politische Traktate und seine Autobiographie. Sein Ruhm beruht ausschließlich auf seinen Tragödien, seiner Autobiographie und, glaube ich, seinen Satiren, von denen einige sehr rassig und originell sind, insbesondere das Stück, das seine Reisen in fremde Länder beschreibt. Seine Autobiographie vermittelt uns ein lebendiges Bild des Italiens des 18.

Jahrhunderts, seiner Trägheit und Frivolität. Er offenbart sich völlig ohne Zurückhaltung, und sein Leben ist das einzige Werk, in dem er uns anschauliche Beschreibungen gibt, während alle seine anderen Werke aufgrund des Mangels an Beschreibungen eher farblos sind .

Der Mangel an Farbe ist in der Tat der große Mangel sowohl seiner Poesie als auch seiner Prosa. Er hatte wenig Sinn für die Schönheiten der Natur und noch weniger für die Schönheiten der Kunst. Er hat nichts von der Süße von Metastasio; er hat nichts von den exquisiten Details von Parini . Tatsächlich sind die Details seiner Werke einzigartig reizlos. Um ihnen gerecht zu werden, müssen wir sie als Ganzes betrachten und dürfen uns nicht auf einzelne Passagen beschränken.

Die beste seiner Tragödien ist meiner Meinung nach eine der frühesten, die „ *Filippo* "über Philipp II. von Spanien und Don Carlos. Eine der auffälligsten Passagen in Alfieri ist der lakonische, in seiner heftigen Abruptheit schreckliche Dialog zwischen Philip und seinem Vertrauten Gomez, nachdem sie das Interview zwischen den Liebenden belauscht haben.

Filippo— Udisti ?
Gomez – Udii .
Filippo – Vedesti ?
Gomez – Io vidi .
Filippo – Oh Rabbi !
Dunque il sospetto ?...
Gomez – E' omai certezza .
Filippo – E inulto
Filippo è ancor ?
Gomez – Pensa ...
Filippo – Pensai ... Mi segui .

Nichts könnte temperamentvoller und wirkungsvoller sein, und wenn Alfieri oft so geschrieben hätte, hätten ihn nur wenige tragische Dichter übertroffen. Aber leider wird er selten so positiv gesehen, und seine Unfähigkeit, seinen Werken den Charme der Fantasie zu verleihen, lässt sie trocken und steinig erscheinen. Er ist ein strikter Anhänger der französischen Schule, was die sorgfältige Beobachtung der drei Einheiten Zeit, Ort und Handlung betrifft. Doch anders als bei den französischen Dramatikern ist die Freiheit und nicht die Liebe die Triebfeder seiner Tragödien. Er bringt so wenige Schauspieler wie möglich auf die Bühne. Einige seiner Tragödien haben nur vier Charaktere. Es wäre selbst dem geschicktesten Dramatiker unmöglich, so wenige Personen dazu zu bringen, fünf Akte ohne Monotonie und Wiederholungen zu füllen, und leider ist Alfieri alles andere als ein geschickter Dramatiker. Seine Konstruktionsfähigkeiten sind nur gering, und in vielen seiner Stücke ist es merkwürdig zu beobachten, dass der erste und der letzte Akt bei weitem die besten sind, während die drei dazwischenliegenden Akte mit Gesprächen gefüllt sind, die die Handlung nicht wesentlich voranbringen. Er verfügte jedoch über eine gewisse Fähigkeit, seinen Charakter zu beschreiben und eine gewisse Fähigkeit, Leidenschaft auszudrücken, und seine leeren Verse haben oft einen strengen und schroffen Klang, der durch seine edle Strenge beeindruckt. So kommt es, dass sich einige seiner Kreationen in den Händen großer Schauspieler bewährt haben. Ristori gelang in seinem *Mirra* ein glänzender Triumph . Salvini erschien oft in *Saul* und *Timoleon* . Sein *Saul* wurde über alle seine anderen Werke gepriesen, aber ich denke, *Virginia, die* Congiura *de ' Pazzi* und *Filippo* sind genauso gut. Die *Antigone* und das *Agamemnon sind* im Vergleich zu den Schöpfungen von Aeschylos und Sophokles furchtbar trocken und farblos . Der *Abele* zum Thema Kain und Abel versucht , den Leser mit lyrischer Schönheit zu verzaubern, doch der Mangel an Vorstellungskraft des Dichters ist schmerzlicher denn je zu erkennen.

Die großen Qualitäten des Dichters sind die Kraft des Denkens und die Hartnäckigkeit der Zielstrebigkeit, weshalb er in den Stücken, in denen es um die Bestrebungen nach Freiheit und den Untergang von Tyrannen geht, am besten zur Geltung kommt. Aber leider lassen diese Themen nicht viel Abwechslung zu, und wenn wir vier oder fünf von Alfieris Tragödien gelesen haben, haben wir sie praktisch alle gelesen. Wenn wir seine Stücke lesen, haben wir den Eindruck, als stünden wir in einem Tempel, nackt und streng, geschmückt mit nur wenigen Statuen. Aber sicherlich ist die starre Größe von Alfieris Genie besser und lobenswerter und ehrenwerter als die bösartigen Verzierungen allzu vieler seiner Zeitgenossen. Er lässt einen heroischen Ton erklingen und weckt in seinen Zuhörern edle Taten und großmütiges Verlangen. In seinen Werken gibt es nichts Niedriges, nichts Gemeines. Er fordert uns auf, aufzusteigen, nicht zu kriechen. Jede Zeile seiner Tragödien wurde mit dem Wunsch geschrieben, Freiheit und Patriotismus zu wecken. Er hasste Unterdrückung und liebte die Gerechtigkeit, und dafür verdient er Ehre und Ruhm, und dafür werden seine Tragödien in den Annalen der Literatur immer Bestand haben, auch wenn ihr Schöpfer uns keine so menschlichen und vielfältigen Charaktere schenkt wie die von Shakespeare oder Kompositionen, die so perfekt und großartig sind wie die von Sophokles.

Kapitel XVI.

ANDERE DICHTER DES ACHTZEHNTEN JAHRHUNDERTS.

Die drei großen Schriftsteller, deren Werke wir gerade untersucht haben, überragen ihre Zeitgenossen in unermesslicher Höhe. Dennoch sind viele hervorragende Gedichte entstanden und viele Autoren sind erwähnenswert.

Der zeitlich erste von ihnen ist EUSTACHIO MANFREDI aus Bologna, der 1739 starb. Er war Mathematiker und Astronom und fügte seinen anderen Leistungen die Poesie hinzu. Er war in eine Dame namens Giulia Vandi verliebt , aber sie wurde Nonne und war für ihn so verloren, als ob sie durch den Tod getrennt worden wären. Er drückte seine Trauer in vielen Sonetten und Oden aus. Er arbeitete eifrig daran, seinem edlen Untertan gerecht zu werden, doch ihm fehlte die magische Gabe des Genies, die allein Unsterblichkeit verleiht. Seine Zeilen sind nicht besonders melodisch, und obwohl alles gut ist, ist nichts bezaubernd.

NICCOLÒ FORTIGUERRA bekleidete viele hohe Ämter in der römischen Kurie. Er erlangte große Würden, aber es heißt, dass er noch höher hinaus wollte und dass sein Tod im Jahr 1736 aus Trauer darüber resultierte, dass er nicht zum Kardinal ernannt worden war. Er vergnügte sich in seiner Freizeit mit dem Verfassen von Gedichten und erlangte den Ruf, der letzte Dichter zu sein, der ein langes Epos im Stil von Ariosto verfasste. Dieses Gedicht, *Ricciardetto genannt* , ist zwar zeitlich das letzte, aber keineswegs das letzte in puncto Verdienst. Er hatte einen wirklich poetischen Geist und ein freundliches Gemüt, und sein Werk hat eine angenehme Fröhlichkeit, die nur in einem reicheren und kraftvolleren Stil zum Ausdruck kommen möchte , um absolute Größe zu erreichen. Es heißt, er habe gewettet, dass er sein Epos in so vielen Tagen schreiben würde, wie es Gesänge enthielt, und dass er seine Wette gewonnen hatte. Die Gesänge sind so lang, dass es kaum glaubhaft ist, dass er jeden an einem Tag geschrieben haben könnte. Papst Clemens Er veröffentlichte den *Ricciardetto* unter dem Pseudonym „ Carteromaco ".

CARLO INNOCENZO FRUGONI wurde 1692 in Genua geboren und starb 1768 als Hofdichter in Parma. *Die frugonische* Poesie ist zu einem Schimpfwort geworden, das auf Fülle sogenannter Beredsamkeit, Gedankenarmut und billige und abgedroschene Bilder hinweist. Aber Frugoni selbst war keineswegs ein Mann ohne Talent. Er hatte Witz, er hatte Fantasie, er hatte Fruchtbarkeit. Aber er hatte kein strenges Urteil. Was auch immer er schrieb, entzückte ihn und er glaubte, es würde seine Leser begeistern. Er hörte nicht auf, zu korrigieren oder zu verdichten. Er gab der Welt alles mit vollkommener Selbstzufriedenheit. Seine Verse sind oft sehr fließend und musikalisch, so wie Metastasio sie in seiner Kindheit geschrieben haben könnte. Er ist mit seinen Sonetten erfolgreich, vor allem weil die strenge Symmetrie dieser Art von Kompositionen ihn davon abhält, seiner Lieblingsmasche der Weitschweifigkeit nachzugeben. Einige seiner lyrischen Gedichte zeichnen sich durch Phantasie und Eleganz aus, die sie empfehlen, aber diese guten Eigenschaften gehen in einem Meer von Wortschatz unter. Er liebte leere Verse, und eine seiner lustigsten Kompositionen in diesem Versmaß trägt den Titel „*L'Ombra di Pope*", geschrieben anlässlich der Geburt eines Sohnes von Lord Holderness, dem britischen Botschafter in der Republik Venedig. Als Antwort auf Frugonis Gebete erhebt sich der Geist des Papstes, prophezeit die Zukunft des edlen Säuglings und singt das Lob seiner lieben Mutter. Nachdem er Frugonis poetischem Talent viele Komplimente gemacht hat, verschwindet der Geist schließlich bei Tagesanbruch.

ALFONSO VARANO war ein ernsterer und leidenschaftlicherer Geist als Frugoni , und ihm gebührt das Verdienst, dass er sowohl durch seine Lehren als auch durch sein Beispiel die Aufmerksamkeit auf die vernachlässigten Schönheiten Dantes gelenkt hat. Sein Hauptwerk ist sein *Buch der Visionen*, geschrieben im Versmaß von Dante und in Anlehnung an seinen Stil. Varano lehnte die abgedroschenen mythologischen Anspielungen, die die Werke seiner Zeitgenossen verunstalten, entschieden ab. Er ist streng christlich und bemüht sich , mittelalterlich zu sein. Aber er verfügt kaum über ausreichende Grundlagen, um weiterzumachen, in seinen Visionen geht es um nichts Besonderes, und sein Stil ist nicht flexibel und malerisch genug, um Leser zu erfreuen, die unweigerlich an Dante erinnert werden.

Der Marquis GIAMBATTISTA SPOLVERINI aus Verona, geboren 1695, gestorben 1763, zeichnet sich durch ein äußerst gut geschriebenes Gedicht in leeren Versen über den Reisanbau aus. Das Thema war, wie man sich vorstellen kann, zuvor noch nicht in der Poesie behandelt worden, und der Autor beherrschte die technischen Details seines Themas vollständig. Er widmete sich der Auseinandersetzung mit den großen Vorbildern der Poesie und schrieb selbst Verse, um sich die nötige stilistische Flexibilität anzueignen. Er arbeitete viele Jahre lang an den Einzelheiten des einen Werks, an das er sich zu erinnern hoffte, und schließlich schenkte er *La Coltivazione del Riso im denkwürdigen Jahr 1758* der Welt. Aber leider! Die Welt schenkte dem schmalen Band keine Beachtung und ging wie gewohnt ihren Weg. Die Demütigung von Spolverini war tief . Er konnte sich nicht vorstellen , dass ein für ihn so wichtiges Gedicht für die Öffentlichkeit so unbedeutend erscheinen sollte. Sein Gesundheitszustand und seine

Stimmung verschlechterten sich, und er starb 1763 unbemerkt und ohne Trauer. Die völlige Vernachlässigung seiner Zeitgenossen war weder anspruchsvoll noch glaubhaft, und spätere Jahre wurden den zahlreichen, wenn auch unaufdringlichen Schönheiten des Gedichts gerecht. Er hat das in seinem Alter seltene Verdienst, direkt auf das Leben und die Natur einzugehen, und was er beobachtet, ist in der Lage, in lebhaften Versen festzuhalten. Aber das Thema spricht den allgemeinen Leser nicht an, weshalb es wahrscheinlich mit völliger Gleichgültigkeit aufgenommen wurde. [1]

GIAMBATTISTA DER AUS GENUA STAMMENDE PASTORINI schrieb ein edles Sonett über seine Geburtsstadt.

TOMMASO CRUDELI hat einige hübsche Fabeln geschrieben. Er schmachtete jahrelang in den Kerkern der Inquisition und starb 1745 im Alter von zweiundvierzig Jahren.

PAOLO ROLLI zeichnet sich dadurch aus, dass er „*Paradise Lost*" ins Italienische übersetzt hat. Er lebte viele Jahre als Italienischlehrer in London, wo er offenbar gut aufgenommen wurde. 1747 kehrte er nach Italien zurück und wählte Todi in Umbrien als seinen Wohnsitz, wo er zwanzig Jahre später im Alter von achtzig Jahren starb.

Cassiani von Modena brachte einige temperamentvolle Sonette hervor; ONOFRIO auch _ MINZONI von Ferrara und PROSPERO MANARA können aus demselben Grund erwähnt werden.

PIGNOTTI und BERTOLA waren gute Fabulisten, und Bertola genoss die weitere Auszeichnung, der erste zu sein, der die deutsche Literatur in Italien einführte.

Einige Gedichte von LUDOVICO SAVIOLI sind in der Diktion musikalisch, aber kein Dichter seiner Zeit schwelgt mehr in der fadenscheinigen Mythologie der Dichter.

GIAN CARLO PASSERONI schrieb ein burleskes *Leben des Cicero* in einhunderteinen Gesängen und in Ottava Rima, voller komischer Abschweifungen, keineswegs ohne Witz und Lebhaftigkeit, aber ziemlich verdorben durch die absurde Länge, zu der das Gedicht gesponnen wird. Seine Karriere weist große Ähnlichkeit mit der von Parini auf . Wie der größere Dichter war er Priester, lebte in Mailand und erlitt aufgrund der Armut viele Entbehrungen. Er scheint nicht nur desinteressiert gewesen zu sein, sondern auch völlige Gleichgültigkeit gegenüber seinen Angelegenheiten, und zwar in einem sträflichen Ausmaß.

Der ABBE CASTI war ein weiterer Dichter, der seinen Witz durch seine Weitschweifigkeit verdarb. Er schrieb die *Animali Parlanti* und eine

Sammlung von Gedichtgeschichten, weniger poetisch und unfeiner als die Prosa von Boccaccio, und schließlich eine bittere Satire auf Katharina die Zweite von Russland. Er verfügte über reichlich Witz und einen groben und eleganten Stil. Seine Fehden mit rivalisierenden Dichtern waren häufig und erbittert, und Parini schrieb einige scharfe Verse gegen ihn. Trotz seines anrüchigen Charakters wurde er vom Wiener Hof zum „ Poeta" ernannt Cesareo " nach Metastasios Tod, und die Ernennung löste allgemeine Überraschung und Ablehnung aus. Nach Casti wurde das Amt eingestellt. Er starb 1503 in Paris.

GIOVANNI FANTONI war ein eleganter, aber etwas konventioneller Nachahmer von Horaz. Bei Ausbruch der Französischen Revolution verlor er aufgrund seines übermäßigen Eifers für die Freiheit beinahe den Verstand, und seine fortschrittlichen Ansichten führten zu zahlreichen Verfolgungen.

LORENZO MASCHERONI, ein Mathematiker und Mann der Wissenschaft, ist durch ein ansprechendes Gedicht namens *L'Invito a Lesbia bekannt Cidonia* . Eine Dame aus Bergamo, die Gräfin Paolina Secco Suardo Grismondi war in der Arcadian Academy als „ Lesbia" bekannt Cidonia ." Sie wurde nach Rom eingeladen, als Mascheroni sie nach Pavia, wo er lebte, holen wollte, und er versuchte, sie dazu zu bewegen, indem er sein Gedicht voller Beschreibungen der Schönheiten von Pavia und der Schätze seines Museums schrieb Dieses ansprechende und originelle Gedicht wurde zu seiner Zeit sehr bewundert. Mascheroni schrieb andere Gedichte auf Italienisch und Latein, aber nichts kam diesem kleinen Meisterwerk gleich. Er wurde 1750 in Castagnetta , einem kleinen Dorf in der Nähe von Bergamo, geboren und starb 1800 in Paris , wohin er sich während der politischen Stürme, die sein Land erschütterten, zurückgezogen hatte.

Bei der Betrachtung der Poesie des 18. Jahrhunderts fällt vor allem der bemerkenswerte Fortschritt in der Kunst des Schreibens leerer Verse auf. Spolverini , Parini und Alfieri schufen Werke in diesem Versmaß , die meisterhafter waren als die Werke früherer Zeiten. Diese Dichter wissen, wie sie ihre Kadenzen variieren, wie sie die Melodie aufrechterhalten und wie sie einen beeindruckenden Schluss erzeugen; und wenn Spolverini manchmal ein wenig weitschweifig und Parini ein wenig schwerfällig ist, vermeidet Alfieri gekonnt beide Fehler, und was den Rhythmus betrifft, sind seine Verse absolut perfekt; aber nur sein leerer Vers; Seine Reime sind, wie die von Parini , weitaus minderwertig und für das Ohr bei weitem nicht so erfreulich.

[1] Das Werk war Elisabeth Farnese, der Witwe Philipps V. von Spanien, gewidmet. Die Tatsache, dass sie die Widmung angenommen hat, muss ihr in den Augen der Welt eine gewisse Bedeutung verliehen haben. Ambrosoli ist meine Autorität für seinen kalten Empfang. Ein Exemplar der 1764

erschienenen zweiten Auflage befindet sich in meinem Besitz. Der Herausgeber sagt, das Gedicht sei mit allgemeiner Bewunderung aufgenommen worden, aber vielleicht sei sein Motiv gewesen, die Öffentlichkeit durch diese Aussage zum Kauf seiner Ausgabe zu bewegen. Wahrscheinlich hat der Tod des Autors, wie so oft, die Aufmerksamkeit auf sein Gedicht gelenkt.

Kapitel XVII.

Prosaschriftsteller des 18. Jahrhunderts.

Die Prosaautoren des 18. Jahrhunderts müssen uns nicht lange aufhalten, denn mit Ausnahme der Komödien von Goldoni verfügen nur wenige Werke über irgendeine Art von Lebendigkeit. Einige Autoren, insbesondere Memoirenschreiber, schrieben auf Französisch, wie Casanova und Goldoni selbst, deren Autobiographie in dieser Sprache verfasst ist. Tatsächlich schien einige Jahre lang die Gefahr zu bestehen, dass Französisch genauso häufig verwendet werden würde wie Latein in früheren Zeiten.

GOLDONI ist ein wunderbarer Autor, und einige seiner besten Komödien sind immer noch auf der Bühne. Wer „*Good-natured Man* and *She Stoops to Conquer*" von Goldsmith gelesen hat, kann sich eine genaue Vorstellung davon machen, was Goldoni war. Es gibt die gleiche Genialität, den gleichen breiten Humor , die gleiche leichte, aber wirkungsvolle Darstellung der Charaktere und den gleichen funkelnden und genialen Dialog. Wenn Goldoni einen Fehler hat, dann ist es, dass seine Handlungen manchmal zu dürftig sind und dass seine Komödien gelegentlich die Eile verraten, mit der sie geschrieben wurden. Einige seiner Stücke sind in Versen gehalten, andere im venezianischen Dialekt, in dem er stets rassig und temperamentvoll ist. Er war ein sehr fruchtbarer Schriftsteller, und wenn auch viele seiner Werke seinen besten unterlegen sind, zeugen sie doch alle von der Fruchtbarkeit und Originalität seines Geistes, und er verdient es, als der beste Komödienautor gefeiert zu werden, den sein Land hervorgebracht hat.

Die Aufführung von Goldonis Komödien kann immer noch mit Vergnügen verfolgt werden, und sein Meisterwerk, *La Locandiera* , wurde kürzlich in London mit der berühmten Eleonora Duse als Mirandolina aufgeführt . Der Charakter der Heldin und die Kunst, mit der sie ihre Liebhaber in Schach hält, sind bewundernswert durchdacht. *Il Burbero Benefico* steht da kaum nach. Es geht um einen Mann, der unter einer rauen Oberfläche ein zartes Herz verbirgt. [1] *Le Donne Curiose* bietet viele amüsante Situationen, die durch die neugierige Neugier einiger Frauen hervorgerufen werden. *Il Poeta Fanatico* vermittelt eine lächerliche Vorstellung von den drittklassigen Literaturakademien seiner Zeit, und die Figur des Dichters, der immer um einen Reim mangelt, ist amüsant gezeichnet . *La Famiglia dell' Antiquario* bietet eine lächerliche Enthüllung der Leichtgläubigkeit von Sammlern und Amateuren, die weder Geschmack noch Wissen haben. *Le Smanie per la Villeggiatura* thematisiert die Leidenschaft venezianischer Familien, einige Monate im Jahr in Villen auf dem Festland zu verbringen. *L'Impresario* hat einige herrlich komische Szenen zwischen einem Operndirektor und seiner

Truppe. *L'Avaro* behandelt das gleiche Thema wie Molière in einer seiner Komödien, und das mit kaum weniger Erfolg. *Il Ventaglio* ist genial in der Handlung und lebhaft in den Dialogen. *Ich Rusteghi*, *Le Baruffe Chiozzotte*, *Sir Todero „Brontolon“ und* mehrere andere Komödien sind im venezianischen Dialekt gehalten, in dem er sich sehr wohl fühlt und in dem er eine Lebendigkeit und Originalität zeigt, die jedes Lobes verdient. Da seine Werke nichts Unmoralisches oder in irgendeiner Weise Anstößiges enthalten , wurden sie immer in Bildungseinrichtungen für Theateraufführungen in den Klassen verwendet, in denen Italienisch unterrichtet wird. Goldoni ist weder ein philosophischer noch ein sehr tiefgründiger Schriftsteller, aber er ist herrlich lebhaft, und es gibt kaum eine seiner Komödien, die der Leser nicht gerne ein zweites Mal lesen würde.

Die Brüder GASPARO und CARLO GOZZI waren Venezianer wie Goldoni, aber sie waren seine Rivalen und nicht seine Freunde. Gasparo war ein guter literarischer Essayist und schrieb den *Osservatore*, eine Art Nachahmung von Addisons *Spectator*. Er verteidigte Dante auch gegen Bettinellis Angriffe. Carlo schuf einige fantastische und fantasievolle Stücke, von denen Schiller eines unter dem Titel „ *Turandot, Prinzessin von China“ für die deutsche Bühne adaptierte.* Er verfügt über jede Menge Fantasie, doch sein dichterisches Talent reicht kaum aus, um seinen wirklich brillanten und originellen Ideen angemessenen Ausdruck zu verleihen.

Ein ganz anderer Schriftsteller als diese lebhaften Venezianer war der gelehrte MURATORI , viele Jahre lang Bibliothekar des Herzogs von Modena. Er war ein Mann von enormer Gelehrsamkeit und unermüdlichem Fleiß. Seine Werke in lateinischer und italienischer Sprache füllen mehr als hundert Bände. Sein *Annali d'Italia* stellen sein wertvollstes Werk dar. Er schrieb auch eine Abhandlung, *Della Perfetta Poesie* . Er starb 1750.

SAVERIO BETTINELLI , ein Jesuit, kann vielleicht als die vollkommenste Verkörperung des italienischen Literaten des 18. Jahrhunderts angesehen werden. Er hatte den leichten und einfachen Stil, den engen Kanon von Geschmack und Urteilsvermögen und den menschlichen und wohlwollenden Geist, der seine Zeitgenossen auszeichnete . Obwohl er Priester war, war er Korrespondent von Voltaire, und der italienische Jesuit schloss sich dem französischen Philosophen an, um die extravaganten Vorstellungen dieser schrecklichen Barbaren Dante und Shakespeare zu verurteilen. Er konnte in Dante überhaupt nichts Verdienstvolles entdecken und schrieb lange Essays, um seine Landsleute von seinen Ansichten zu überzeugen. Als Dichter mangelt es ihm nicht an Gewandtheit und Eleganz, Eigenschaften, die auch in seiner Prosa auffallen, die zwar immer noch mit Vergnügen, wenn auch kaum mit Gewinn, gelesen werden kann. Seine Tragödien erscheinen im Vergleich zu denen von Alfieri sehr dürftig. Er verfügte über viel Gelehrsamkeit und einen gewissen Scharfsinn, und sein

Geisteston ist überaus vernünftig, aber er konnte sich kaum zur Wertschätzung von Vorstellungen entwickeln, die über seine eigenen hinausgingen, und das Heiligtum, das er verehrte, war das der akademischen Eleganz und der zarten Verfeinerung. Er war von echtem Patriotismus inspiriert, der ihn dazu veranlasste, nicht nur sein wichtigstes historisches Werk, *Risorgimento d'Italia* , *zu schreiben,* sondern auch einige seiner temperamentvollsten Gedichte. Er starb 1808 im hohen Alter von neunzig Jahren.

ANTONIO MAGLIABECCHI war eines der größten Wunder der Gelehrsamkeit, die je gelebt hat. Von Beruf war er Goldschmied, aber sein Herz galt seinen Büchern, und durch die Schirmherrschaft von Michael Ermini , dem Bibliothekar des Kardinals Medici, erhielt er Zugang zu einer Bibliothek, die umfangreich genug war, um selbst seinen Wissensdurst zu stillen . Als sein Freund Ermini starb, wurde er sein Nachfolger als Bibliothekar. Den ganzen Tag schloss er sich in seinem Haus ein und las von morgens bis abends, und erst nach Einbruch der Dunkelheit öffnete er seine Tür, und auch dann nur, um Männer mit Geschmack und Gelehrsamkeit einzulassen, um sich gelehrten Gesprächen hinzugeben. Seine Gewohnheiten glichen fast denen eines Einsiedlers. Er trug einen alten Mantel, der ihm tagsüber als Kleidung und nachts als Decke diente. Ein Stuhl mit Strohboden diente ihm als Tisch für seine kargen Mahlzeiten, und ein weiterer Stuhl, kaum bequemer, war sein Bett, in dem er nachts saß und las, las, las, bis er vor lauter Müdigkeit einschlief. Das Wunder ist, dass ein solcher Fleiß, gepaart mit solchen Entbehrungen, seine Gesundheit nicht beeinträchtigte, aber wir hören nichts von schädlichen Folgen. Er hatte einen sehr freundlichen und wohlwollenden Charakter und war stets bereit, den Suchenden mit seinem Wissen und den Bedürftigen mit seinem Geld zu helfen. Er starb im Jahr 1714. Er war gebürtiger Florentiner und hinterließ dem Großherzog der Toskana seine Bibliothek sowie einen Geldbetrag, dessen Zinsen für die Anfertigung wertvoller Ergänzungen der bereits vorhandenen Bände verwendet werden sollten gesammelt. Diese Bibliothek ist in Florenz immer noch für die Öffentlichkeit zugänglich. Magliabecchi gab sowohl durch seine Lehre als auch durch sein Beispiel Impulse für das Lernen und Forschen, doch er stellte der Welt keine eigenen Werke zur Verfügung und begnügte sich damit, die Texte anderer zu redigieren. Obwohl er nie reiste, war er durch Kataloge und Beschreibungen gut mit den Bibliotheken anderer Städte vertraut. Es gibt eine Anekdote, in der ein Bekannter ihn fragte, wie viele Exemplare von einem Buch bekannt seien, das für seine Seltenheit bekannt sei. „Nur drei", war Magliabecchis Antwort. „Eines gehört mir; eines befindet sich im Vatikan und das dritte in Konstantinopel in der Bibliothek des Großtürken; Sie finden es im dritten Raum, im unteren Regal rechts vom Eingang, wo es das siebte ist Volumen."

Eine Adelsfamilie aus Verona, die Maffei, schenkte dem Italien des 18. Jahrhunderts zwei bedeutende Männer. Der Marquis ALESSANDRO MAFFEI trat in die Dienste des Kurfürsten von Bayern und stieg zum Feldmarschall auf. Er war maßgeblich am großen Sieg über die Türken in Belgrad im Jahr 1717 beteiligt. Er starb 1730 in München und hinterließ *Memoiren*, die sowohl gut geschrieben als auch wertvoll sind, da sie die Geschichte seiner Zeit veranschaulichen. Sein Bruder, SCIPIONE MAFFEI, wurde am 1. Juni 1675 geboren. Scipione trat in die Armee ein und diente unter seinem Bruder während des Spanischen Erbfolgekrieges. Sein erstes Werk war ein Buch gegen die Praxis des Duellierens. Als er in seine Heimatstadt zurückkehrte, veröffentlichte er gemeinsam mit Apostolo Zeno und Vallisnieri eine Literaturzeitschrift. Er schrieb eine Komödie, *La Ceremonia*, und eine Tragödie, *Merope,* die in ganz Europa als Prototyp von Voltaires Tragödie über dasselbe Thema gefeiert wurde. Voltaire widmete sein „*Merope*" Maffei, doch in Wirklichkeit war er neidisch auf den Ruf, den das italienische Werk erlangt hatte, und unter einer dünnen Tarnung veröffentlichte er Briefe, in denen er seine Schwächen und Mängel offenlegte. Die Aufgabe war nicht sehr schwierig, denn Maffeis „*Merope*" hat, abgesehen davon, dass es aus der Feder eines eleganten Gelehrten stammt, wenig zu empfehlen. Die Charaktere sind nicht sehr lebendig gezeichnet und der leere Vers ist eher träge und unscheinbar. Sein bestes und nachhaltigstes Werk ist die *Verona Illustrata*, ein großartiger Beitrag zur Geschichte seiner Heimatstadt. Er starb 1755.

Der Jesuit TIRABOSCHI verfasste eine umfangreiche *Geschichte der Literatur,* und sein Werk verfügt sowohl über Urteilsvermögen als auch über Forschung, um ihm dauerhaften Wert zu verleihen.

Die humanitären Tendenzen des 18. Jahrhunderts fanden in dem aus Mailand stammenden Marquis BECCARIA einen beredten Vertreter. Schon in seiner Jugend neigte er zum Studium der Philosophie und wurde in seiner intellektuellen Entwicklung stark von den zeitgenössischen französischen Schriftstellern, insbesondere von Montesquieu, beeinflusst. Das erste Werk, mit dem er der Öffentlichkeit erschien, war eine Broschüre über die Lage der Währung. Zusammen mit einigen Freunden gab er eine Zeitschrift mit dem Titel „*Il Caffé*" heraus, die die humanen und aufgeklärten Prinzipien befürwortete, denen er verpflichtet war. Aber das große Werk, an das er erinnert, ist die Abhandlung *Dei Delitti e delle Pene*, veröffentlicht 1764. In diesem Buch wagte er es, die Lehre zu verkünden, dass die Strafe das Vergehen nicht überschreiten dürfe. In dieser Zeit wurden nicht nur in Italien, sondern auf der ganzen Welt barbarische Strafen für Vergehen verhängt, die nicht strenger als ein paar Monate Gefängnis erforderten. Kriminelle wurden auf dem Rad gebrochen, Gefangene auf der Folterbank gefoltert. All diese schrecklichen Missbräuche wurden von Beccaria mit der

Beredsamkeit brennender Empörung angegriffen, und er hatte die Befriedigung, nach der Aussaat der Saat eine reiche Ernte vorzufinden. Die Folter wurde in Frankreich kurz nach der Thronbesteigung Ludwigs XVI. abgeschafft, und selbst in den schlimmsten Exzessen der Schreckensherrschaft wagte niemand, ihre Wiederbelebung vorzuschlagen. Es wurden viele Justizmorde begangen, aber keines der Opfer wurde gefoltert. Es ist erschreckend, sich vorzustellen, welche Gräueltaten begangen worden wären, wenn diese abscheuliche und irrationale Praxis noch in Kraft gewesen wäre. Beccaria starb 1793.

GAETANO FILANGIERI ähnelte Beccaria in seinem Ehrgeiz, die Gesetze zu verbessern, und in seinem großartigen Werk *La Scienza della Legislazione erlangte für* seinen Autor einen immensen Ruf. Er war der Spross einer neapolitanischen Adelsfamilie, und der Minister Tannucci zeigte eine gewisse Neigung, seine Ideen umzusetzen. Aber er starb, als er erst 36 Jahre alt war, im Jahr 1788. Vielleicht hatte er Glück, dass er die bösen Zeiten, die seinem Land bevorstanden, nicht mehr erleben musste.

FRANCESCO ALGAROTTI als eine Art verwässerten Bettinelli bezeichnen, aber er hatte das Verdienst, dem italienischen Publikum ausländische Schriftsteller vorzustellen und die Italienischkenntnisse im Ausland zu verbreiten. Friedrich der Große, der Freude daran hatte, die Literatur aller Nationen außer seiner eigenen zu fördern , empfing Algarotti in Potsdam gastfreundlich und verlieh ihm den Titel eines Grafen. Er war ein äußerst produktiver Schriftsteller und hatte nicht nur Freude an der Literaturkritik , sondern auch an wissenschaftlichen Untersuchungen, und er war der Erste, der die Entdeckungen Newtons auf der Halbinsel bekannt machte. Seine Gedichte machen auf den modernen Leser nur einen schwachen Eindruck, aber sie waren so, wie die Zeit Frugonis sie bewunderte. Vom Charakter her war er diskret und liebenswürdig, daher seine persönliche Beliebtheit. Sein Gesundheitszustand verschlechterte sich allmählich und er starb 1764 im Alter von 51 Jahren in Pisa an Schwindsucht. Friedrich der Große ließ zu seinem Andenken ein hübsches Denkmal errichten.

ANTONIO COCCHI war ein fruchtbarer Schriftsteller zu wissenschaftlichen und anderen Themen, aber es ist das melancholische Schicksal wissenschaftlicher Schriftsteller, von ihren Nachfolgern abgelöst zu werden, so gut sie auch geschrieben haben mögen. Er wurde 1695 geboren und starb 1758.

GIROLAMO TAGLIAZUCCHI war Professor für Griechisch an der Universität Turin und trug viel zur Verbreitung des Studiums guter Literatur bei.

GIOVENALE SACCHI , ein barnabitischer Mönch, schrieb Bücher über Musik, Tanz und Poesie in einem Stil von großer Reinheit und Eleganz. Allerdings warfen ihm die strengeren Geister seines Ordens vor, seine Aufmerksamkeit zu leichtfertigen und profanen Themen zu widmen, und er musste viele Verfolgungen ertragen. Er starb 1789.

ANTONIO CESARI , ein Priester des Oratoriums, wurde am 16. Januar 1760 in Verona geboren. Er war ein glühender Bewunderer der Prosaschriftsteller des 14. Jahrhunderts und es war sein ständiges Bestreben , die italienische Sprache von den französischen Redewendungen zu reinigen es war zu seiner Zeit zusammengezogen. Im Gegensatz zu Bettinelli war er ein treuer Anhänger Dantes und schrieb ein Buch, um seine Schönheiten hervorzuheben, aber er verweilt mehr bei den Vorzügen des Stils des Dichters als bei der Größe seiner Vorstellungen. Cesari war ein guter Übersetzer und besonders erfolgreich war er bei der Wiedergabe der Komödien des Terenz. In all seinen Werken finden wir einen tiefen und glühenden Geist des Patriotismus, einen Vorläufer der Welle der Unabhängigkeit und Hingabe an ihr Vaterland, die über die Italiener des Jahrhunderts hinwegfegte und nun unsere Aufmerksamkeit fesseln muss.

[1] *Burbero Benefico* wurde ursprünglich auf Französisch verfasst und anschließend ins Italienische übersetzt.

Kapitel XVIII.

EIGENSCHAFTEN DER SCHRIFTSTELLER DES NEUNZEHNTEN JAHRHUNDERTS.

Die gewaltige Katastrophe der Französischen Revolution löste in der gesamten zivilisierten Welt Erschütterungen und Erschütterungen aus, und es überrascht auch nicht, dass Italien vehementer als jedes andere Land auf die Stimme Frankreichs reagierte. Zu Beginn war die Französische Revolution zweifellos eine Notwendigkeit und kein Übel. Niemand kann Necker, Mirabeau und die Girondisten mit einem anderen Wunsch belasten als mit der Verbesserung Frankreichs und der Menschheit. Als aber aufgrund der völligen Unfähigkeit der führenden Staatsmänner, die von ihnen einberufenen gesetzgebenden Versammlungen zu kontrollieren, die Leitung der Angelegenheiten aus ihren Händen in die Hände von äußerst rachsüchtigen und skrupellosen Männern geriet und die große Bewegung befleckt wurde Da es Verbrechen gibt, die so entsetzlich sind, und Gräueltaten, die so unmenschlich sind, dass sie in der Geschichte ihresgleichen suchen, ist es kein Wunder, dass sich die Herrscher Europas zusammengetan haben, um einen verheerenden Flächenbrand einzudämmen. Doch ein Ereignis, das kein Scharfsinn vorhersehen konnte, machte alle ihre Pläne zunichte und machte sie sogar in ihren eigenen Herrschaftsgebieten machtlos. Einer der größten Generäle, die die Welt je gesehen hat, erlangte in Frankreich die höchste Macht, und die Herrscher, die Robespierre einschüchtern wollten, mussten rechtzeitig vor Napoleon zittern. Hätte der große Soldat nach dem Frieden von Amiens gewusst, wie er seinen Ehrgeiz mäßigen konnte, wären Europa viele Sorgen und Katastrophen erspart geblieben; aber unglücklicherweise gab er sich nicht mit dem Ruhm zufrieden, den er erlangt hatte; Er erhob sich in der Hoffnung auf die Weltherrschaft, und Europa wurde mehr als ein Jahrzehnt lang von Kämpfen erschüttert, wie sie die Welt noch nie erlebt hatte, und der Verlust an Blut und Schätzen war immens. Schließlich wurde er besiegt, aber erst, als er sich praktisch selbst besiegt hatte ; denn die größten Feldherren seiner Gegner waren ihm viele Jahre lang machtlos und siegten erst, als er die ihm zur Verfügung stehenden Mittel erschöpft hatte. Er verlor seine Macht und erhob sich nie wieder, und die siegreichen Alliierten lösten eine Reaktion aus, deren Auswirkungen das ganze 19. Jahrhundert hindurch spürbar waren. Die Dämonen kehrten in ihre Behausungen zurück und die zweite Behausung war schlimmer als die erste. Die eine große Bastille war zwar abgerissen worden, aber jedes Land hatte unzählige eigene kleine Bastilles. Österreich eroberte Venedig und eroberte die Lombardei zurück, und die milde und menschenfreundliche Herrschaft von Firmian wurde durch den eisernen

Despotismus von Metternich ersetzt. In Neapel musste die Philanthropie von Filangieri der Wildheit von Bomba weichen . Aber die Nationen hatten die Freiheit gekostet, und der alte mehr oder weniger unwillige Geist der Unterwerfung war für immer ausgestorben. Überall auf der Halbinsel entstanden Geheimbünde, und die Carbonari führten fort, was die Philosophen begonnen hatten. Die alte Milde Josephs II. und Leopolds II. wurde durch zorniges Misstrauen und rücksichtslose Strenge ersetzt. Männer mit makellosem Charakter wurden der Unzufriedenheit verdächtigt und strengen Maßnahmen unterworfen , die nur den schlimmsten Kriminellen vorbehalten sein sollten. Die schamlose Tyrannei erregte die Empörung eines aufgeklärten Zeitalters, und eine Dynastie, die sich durch den politischen und standhaften Charakter ihrer Fürsten auszeichnete, nutzte die Situation mit seltenem Scharfsinn aus, um gleichzeitig die Befreiung Italiens und ihre eigene Vormachtstellung auf der Halbinsel zu erreichen. Das Haus Savoyen triumphierte nicht nur über den Vatikan und die Bourbonen, sondern auch über Mazzini und Garibaldi und ihre visionären und begeisterten Anhänger.

Es ist nicht die Aufgabe des Literaturhistorikers, auf die Einzelheiten dieses großen Kampfes einzugehen. Aber eine Bemerkung muss gemacht werden. Keine Staatsmänner waren stärker von der Überzeugung der Torheit der siegreichen Fraktionen, die ihre politischen Gegner zu Märtyrern machen, durchdrungen als Victor Emmanuel und Cavour. Wäre Karl I. nicht enthauptet worden, hätte Karl II. wahrscheinlich nie den Thron seiner Vorfahren bestiegen. Wäre Ludwig XVI. nicht guillotiniert worden, hätte Ludwig XVIII. wahrscheinlich nie nach Frankreich zurückkehren können. Hätte Napoleon nicht das Blut des Due d'Enghien vergossen , hätte er wahrscheinlich nie die unerbittliche Feindschaft seiner Gegner hervorgerufen. Diese Beispiele scheinen den Ratsmitgliedern des Hauses Savoyen immer präsent gewesen zu sein. Und in der Tat, wenn sie aus dem König von Neapel einen Ludwig XVI. gemacht hätten, wenn sie aus seiner Königin eine Marie Antoinette gemacht hätten, wenn sie aus Pius IX. einen Bonifatius VIII. gemacht hätten, wäre eine solche Reaktion über die Halbinsel hinweggeschwappt hätte die Früchte der Arbeit von zwei Generationen von Patrioten zerstört. Zum Glück für Italien und sich selbst wussten sie, wie sie ihren Sieg maßvoll nutzen konnten. Zweifellos gab es einige wilde und rachsüchtige Geister, die nach einer Schreckensherrschaft gerufen hätten, wenn sie es gewagt hätten; aber sie wurden streng unter Kontrolle gehalten, und das Land profitiert nun von der Politik oder der Menschlichkeit seiner Befreier. Zweifellos gab es Enttäuschungen, vor allem die erdrückende Steuerbelastung, die erforderlich ist, um eine riesige Armee und eine starke Marine zu unterhalten; aber die unzufriedenen Geister, die eine Rückkehr zum alten Zustand der Dinge fordern , sind so rar gesät, dass sie mit verächtlicher Nachsicht behandelt werden können. Die auftretenden

Reaktionssymptome sind so mild, dass sie positiv dazu beitragen, einen Geist der Kritik und Kontrolle über die Exekutive aufrechtzuerhalten, die sonst aufgrund des lockeren Charakters der Bevölkerung schlummern könnte. Tatsächlich kann man es als Axiom aufstellen: Je unbeschwerter eine Nation ist, desto größer ist ihre Neigung, die Misswirtschaft ihrer Herrscher — vielleicht unbewusst — hinzunehmen.

Das 18. Jahrhundert war bemerkenswert durch den Mangel an bedeutenden Prosaschriftstellern; Das 19. Jahrhundert hingegen kann eine brillante Reihe von Philosophen, Historikern und Romanautoren vorweisen; und es wäre wahrscheinlich umfangreicher, wenn nicht die rasche Entwicklung des journalistischen Unternehmertums viele fähige Männer zur Tagespresse gelockt hätte, die sich in früheren Zeiten dem Schreiben von Büchern gewidmet hätten. Ihre Artikel in Zeitungen und Zeitschriften verschwanden nach dem Tag ihres Erscheinens, mit Ausnahme der seltenen Fälle, in denen ein Schriftsteller oder seine Freunde eine Sammlung zusammenstellten, die in Buchform veröffentlicht werden sollte. So arbeiteten viele scharfsinnige und mächtige Köpfe für die Aufklärung ihrer Generation, von ihren Leistungen sind jedoch keine Aufzeichnungen erhalten. Die grenzenlose Popularität der Belletristik führte dazu, dass diesem Zweig der Literatur größere Aufmerksamkeit geschenkt wurde und der Welt unvergessliche Werke geschenkt wurden. Fast siebzig Jahre lang war der Patriotismus die wichtigste Inspirationsquelle, was in dem Jahrhundert, in dem die Halbinsel von der Unterdrückung durch das Ausland befreit wurde, nur natürlich war. Man begann, die Literatur Englands und Deutschlands zu studieren, und die romantische Bewegung führte einen völlig neuen Themen- und Behandlungsstil ein. Die alten Konventionen mythologischer Anspielungen geraten endlich in Vergessenheit, und wir finden Dichter, die sich direkt und natürlich ausdrücken. Die frühere Scheu gegenüber philosophischen und religiösen Spekulationen wird durch grenzenlose Freiheit ersetzt, oft gepaart mit heftigem Hass auf das Christentum. Starke Originalität zeichnet die Schriftsteller des 19. Jahrhunderts aus, aber diese Originalität wird oft mit einer harmonischen Entwicklung und geistiger Gelassenheit erkauft. Sie haben Grund, Ariosto und Metastasio um die intellektuelle Selbstgefälligkeit zu beneiden. Diese Uneinigkeit im Geiste ist bei Leopardi ausgeprägter als bei jedem anderen Schriftsteller, obwohl er fast der erste war, der sie zeigte. Tatsächlich war das 19. Jahrhundert für Italien eine Zeit des Übergangs. Die alten Denk- und Regierungsformen wurden nach und nach überwunden und zerstört, und vielleicht wäre es verfrüht zu sagen, welche konkrete Form sie voraussichtlich annehmen werden. Eine Sache ist sicher; Die alten Methoden können niemals wiederbelebt werden, und die Bemühungen der Pedanten, ihrer abgeschwächten Hinfälligkeit neues Leben einzuhauchen, können nur zu einem schändlichen Scheitern führen. Eigenständigkeit und Originalität müssen die Schlagworte der Zukunft sein, und es ist erfreulich zu beobachten, dass die besten und vielversprechendsten Schriftsteller der jüngeren Generation bewusst oder unbewusst neue Kunstformen und neue Ideenperspektiven eröffnen . Dass einige Fehler gemacht wurden, lässt sich nicht leugnen. Der extreme Realismus hat in Italien wie anderswo seine Opfer gefordert. Aus übermäßigem Wunsch, genau zu sein, haben einige Schriftsteller aufgehört, natürlich zu sein. In ihrem Bemühen, Aberglauben zu vermeiden, haben andere Autoren einen groben und vulgären Materialismus vertreten. Einige haben einen abstoßenden Mangel an Anstand an den Tag gelegt; andere völlige Missachtung der Schönheit und Reinheit des Stils. Es gab eine Tendenz, sich grellen, kitschigen Effekten hinzugeben, von denen das 18. Jahrhundert lobenswerterweise frei war. Aber im Großen und Ganzen wäre es ungerecht zu leugnen, dass das 19. Jahrhundert ein beeindruckendes Panorama bewegender Ereignisse und großartiger und denkwürdiger Autoren bietet.

KAPITEL XIX.

LEOPARDI.

Es kommt nicht oft vor, dass ein Schriftsteller seine Zeitgenossen so unermesslich überragt, dass wir ihn ohne Angst vor Widersprüchen als den Größten seines Jahrhunderts bezeichnen können. Im Fall von Leopardi können wir dies jedoch bedenkenlos tun. Die Werke, denen er seine Unsterblichkeit verdankt, sind zwar zahlreich und von geringem Umfang, aber ihre Vollkommenheit verleiht ihnen eine Würde, die umfangreichere Werke vergeblich nachahmen könnten.

GIACOMO LEOPARDI WURDE AM 29. JUNI 1798 IN Recanati , einer Stadt der Mark Ancona, als ältester Sohn des Grafen Monaldo Leopardi und seiner Frau Adelaide, Tochter des Marquis Antici , geboren . Er hatte drei Brüder, Carlo, Luigi und Pierfrancesco , und eine Schwester, Paolina. Sein Vater war ein Mann mit literarischem Geschmack und verfügte über eine prächtige Bibliothek, in der der zukünftige Dichter seinen Wissensdurst mit ebenso viel Eifer stillte wie Magliabecchi einst in der Bibliothek des Kardinals Medici. Bald war er den Priestern, denen seine Ausbildung anvertraut war, in der Gelehrsamkeit überlegen. Sein eifriger und unabhängiger Geist lehnte Anweisungen ab und verachtete Mäßigung. Er eignete sich viele Sprachen an und bemühte sich bald , die Ergebnisse seiner Studien zu Papier zu bringen. Einige seiner unvorsichtigen Bewunderer versuchten, aus ihm ein Wunderkind zu machen, und zu seiner Leidenschaft für Wissen gesellte sich noch der Reiz der Eitelkeit. Er schuftete Tag für Tag in seiner intellektuellen Beute und hatte keine Entspannung außer den absolut notwendigen Dingen Essen und Schlafen. Das Ergebnis kann man sich vorstellen. Sein Sehvermögen ließ ihn aufgrund der gnadenlosen Anstrengung schwinden, die ihm das Lesen bis spät in die Nacht auferlegte, oft durch eine flackernde Kerze, die bis zum Sockel niedergebrannt war. Sein Rücken verkrümmte sich, weil er sich ständig über die riesigen Blätter beugte, die den Grundstock seiner Lektüre bildeten. Seine Lungen sehnten sich vergeblich nach der Erweiterung seiner engen Brust und nach der Frische der frischen Luft. Seine Nerven ließen nach, seine Nahrung reichte nicht mehr aus, und seine Kräfte brachen schließlich so völlig zusammen, dass er weder lesen noch schreiben, noch nicht einmal denken oder sprechen konnte. Im Alter von sechzehn bis einundzwanzig Jahren wurde das Unheil angerichtet. Die Pflicht seiner Eltern war klar. Sie hätten die Überarbeitung von Anfang an strikt verbieten und ihn zu der erforderlichen Bewegung und rationalen Unterhaltung zwingen sollen. Unglücklicherweise scheinen sie eher die Überarbeitung gefördert zu haben und in Wirklichkeit jegliches Vergnügen und jeglichen Verkehr mit der Außenwelt herabgewürdigt zu haben. Sie können von schwerwiegenden Fehlurteilen nicht freigesprochen werden, aber es wäre hart, ihnen Grausamkeit vorzuwerfen. Monaldo hing hingebungsvoll an seinen Kindern, aber es wäre besser gewesen, wenn er sie auf die Schule und aufs College geschickt hätte, wo sie mit gleichaltrigen Kameraden herumtollen würden, statt dass sie einsam brütend und mit sich selbst beschäftigt waren . Sie wären dann frisch und munter nach Hause zurückgekehrt und glücklich, wieder bei ihren Eltern zu sein.

Monaldo war in seiner Jugend verschwenderisch gewesen, seine Güter waren erheblich belastet; Aus Spargründen freute er sich wahrscheinlich darüber, dass seine Kinder zu Hause tatsächlich mehr lernten, als man von Schülern der berühmtesten Seminare erwarten konnte. Im späteren Leben war er zwar bereit und glücklich, sie in seinem Stammsitz in Recanati in einem schönen Stil zu halten , doch es war ihm unmöglich, sie mit ausreichenden Mitteln auszustatten, um in Rom, Florenz oder Neapel in dem Stil zu leben, an den sie seit jeher gewöhnt waren . Deshalb widersetzte er sich entschieden ihrem Wunsch, die Welt zu sehen. Er war vollkommen zufrieden mit seiner eigenen Umgebung, und er verstand und sympathisierte weder mit Giacomos Wunsch, seinen Erfahrungsbereich zu erweitern.

Schmerzhafte Missverständnisse waren die Folge. Giacomo musste wegen der völligen Erschöpfung, in die er geraten war, ein ganzes Jahr ohne Lesen und Schreiben bleiben und wurde in seine melancholischen Gedanken zurückgeworfen. Er hatte bereits genug Lob erhalten, um seinen jugendlichen Ehrgeiz zu entfachen, und er ärgerte sich über die Knechtschaft, in der er gehalten wurde. Pietro Giordani war der erste bedeutende Schriftsteller, mit dem er Bekanntschaft machte und lange Briefe zwischen seinen Freunden wechselte, Briefe voller Bewunderung seitens Giordani , voller Ungeduld und Verzweiflung seitens Leopardi. Dass er die Schrecken seines Zustands übertrieben hat, kann keinen Moment bezweifelt werden. Viele Jugendliche wären dankbar gewesen, seinen Platz in einem schönen und würdigen Zuhause einzunehmen; Aber kaum ein Jugendlicher hätte von so bitterer Melancholie und solch anmaßendem Ehrgeiz gequält werden können.

Schließlich fasste er einen verzweifelten Entschluss . Ihm wurde die Erlaubnis verweigert, sein Zuhause zu verlassen; er würde auf eigene Verantwortung handeln und Zuflucht in der Flucht suchen. Er traf Vorbereitungen für die heimliche Abreise und schrieb einen langen Brief an seinen Vater, in dem er die Beweggründe für seine verzweifelte Maßnahme erläuterte. Glücklicherweise wurde das verrückte Projekt aufgegeben, aber der Brief wurde von seinem Bruder Carlo aufbewahrt, und es ist zutiefst bedauerlich, dass er vor einigen Jahren veröffentlicht wurde. Viel besser wäre es gewesen, einen Schleier über die Exzentrizität eines großen Geistes und die Missverständnisse zwischen edlen und aufrichtigen Naturen zu ziehen, die aber in Denken und Handeln schmerzlich voneinander abweichen. Der Brief existiert jedoch und muss bearbeitet werden. Darin ist nichts enthalten, was den Dichter oder seinen Vater in Verruf bringen könnte, sondern vieles, das unaussprechlich schmerzlich ist.

Der Brief wurde im Juli 1819 geschrieben. Er beginnt damit, dass er mit vollkommener Aufrichtigkeit sagt, dass er seinen Vater immer geliebt habe, dass er ihn immer lieben würde und dass es ihm zutiefst leid tat, dass er der Grund dafür war, dass er ihm Schmerzen bereitete. „Sie kennen mich", fährt er fort, „und Sie wissen, wie ich mich bisher verhalten habe. Sie werden sehen, dass es in ganz Italien, und ich darf sagen in ganz Europa, keinen anderen Menschen von meinem Rang und noch jünger als mich gibt." , und vielleicht mit geringeren intellektuellen Fähigkeiten als ich, könnte jemand gefunden werden, der die Hälfte der Umsicht, der Enthaltsamkeit gegenüber allen Freuden der Jugend, des Gehorsams und der Unterwürfigkeit gegenüber seinen Eltern an den Tag legt, die ich gezeigt habe. Wie schlecht Ihre Meinung auch sein mag Trotz der wenigen Talente, die der Himmel mir geschenkt hat, können Sie den vielen geschätzten und berühmten Männern, die das Urteil über mich gefällt haben, das Sie kennen und das ich nicht wiederholen kann, nicht gänzlich die Anerkennung verweigern. Es war das Staunen aller, die mich kannten dass ich immer noch in dieser Stadt begraben sein sollte und dass Sie allein einer entgegengesetzten Meinung sein und unbeugsam daran festhalten sollten. Es ist Ihnen sicherlich nicht unbekannt, dass es keinen Jugendlichen von kaum siebzehn Jahren gibt, der das nicht tut von seinen Eltern in die Hand genommen, um ihn in eine Position zu bringen, die ihm für die Zukunft zugute kommt. Ich sage nichts über die Freiheit, die allen jungen Menschen in diesem Alter in unserer Position im Leben gewährt wurde – Freiheit, von der mir im Alter von einundzwanzig Jahren nicht ein Drittel gewährt wurde. Erst vor kurzem habe ich begonnen, Sie zu bitten, für meine Zukunft auf die Art und Weise zu sorgen, wie es die Meinung aller, die mich kannten, vorgibt. Mir ist aufgefallen, dass mehrere Familien in dieser Stadt, denen es wahrscheinlich weniger gut geht als uns, schwere Opfer bringen, um ihre Söhne ins Leben zu holen, so schwach die Anzeichen vielversprechender Talente auch sein mögen.

„Viele Leute waren der Meinung, dass mein Intellekt viel mehr als nur ein schwaches Zeichen zeigte; Sie waren jedoch der Meinung, dass ich der Fürsorge eines Vaters oder eines Opfers seinerseits völlig unwürdig sei, und Sie glaubten auch nicht, dass mein gegenwärtiges oder zukünftiges Wohlergehen dies täte von ausreichender Bedeutung für Sie, um Änderungen an Ihren häuslichen Regelungen vorzunehmen.

„Ich sah, wie meine Eltern die Posten, die sie für andere vom Papst erhielten, geringschätzten, und in der Hoffnung, dass sie sich für mich die gleiche Mühe machen würden, bat ich darum, dass mir zumindest ein

Lebensunterhalt beschafft würde, der es mir ermöglichen würde, zu leben."
auf eine Art und Weise, die zu meiner Position passte, ohne meine Familie
zu belasten. Ich wurde mit Spott beantwortet, und Sie waren nicht der
Meinung, dass Ihr Einfluss genutzt werden sollte, um eine anständige
Kompetenz für Ihren Sohn zu erlangen. Ich war mir der Projekte, die Sie
hatten, durchaus bewusst Sie haben für uns gewirkt und wie Sie, um den
Wohlstand dessen zu sichern, was Sie unser „ *Haus* " und *unsere „Familie"*
nennen, von Carlo und von mir das Opfer unserer Neigungen, unserer Jugend
und unseres ganzen Lebens verlangt haben. Ganz gewiss dass weder Carlo
noch ich dich darin jemals ertragen würden, ich könnte unmöglich auf die
Idee dieser Projekte eingehen. Du kennst nur zu gut das elendste Leben, das
ich geführt habe, durch die Auswirkungen meiner schrecklichen Melancholie
und die Qualen, die ich erlitten habe Meine seltsame Einbildung. Sie können
nicht blind für die Tatsache gewesen sein, dass es kein anderes Heilmittel für
meine leidende Gesundheit gab, seit ich in diese erbärmliche Schwäche
verfiel, sondern mächtige Ablenkungen, und kurz gesagt, alles, was es in
Recanati nicht zu haben gab .

„Trotz alledem haben Sie es einem Mann meines Charakters gestattet,
entweder den Rest seiner Kräfte in Selbstmordstudien zu verzehren oder sich
in der schrecklichsten Langeweile mit der damit einhergehenden Melancholie
zu vertiefen. Diese Übel wurden durch die umgebende Einsamkeit noch
verschlimmert. und durch die leere und unbeschäftigte Zeit meines Lebens,
besonders in den letzten Monaten.

„Es dauerte nicht lange, bis ich herausfand, dass keine Argumente Sie
bewegen konnten und dass die außergewöhnliche Festigkeit Ihres
Charakters, die unter einem milden Äußeren verborgen war, so groß war,
dass ich nicht einmal einen Hauch von Hoffnung hegen konnte. All diese
Umstände und meine Überlegungen." Die menschliche Natur überzeugte
mich davon, dass ich mich nur auf mich selbst verlassen sollte, obwohl mir
alles fehlte. Und jetzt, da ich per Gesetz mein eigener Herr bin, werde ich
nicht länger zögern, die Last meines Schicksals auf mich zu nehmen. Das
weiß ich Das menschliche Glück besteht in der Zufriedenheit, und dass ich
leichter glücklich sein könnte, wie ein Bettler um Brot zu betteln, als in
diesem Wohnsitz von all dem materiellen Luxus umgeben zu sein, den er
bieten mag. Ich hasse diese abscheuliche Klugheit, die uns erstarrt und fesselt
und uns dazu unfähig macht jede große Tat, die uns auf das Niveau von
Tieren reduziert, die sich gelassen um die Erhaltung dieses unglücklichen
Lebens bemühen, ohne einen anderen Gedanken. Ich weiß, dass ich für
verrückt gehalten werden werde, wie alle großen Männer vor mir gehalten
wurden. Und Auch wenn die Karriere fast aller großen Genies mit
Verzweiflung begonnen hat, bin ich nicht bestürzt darüber, dass auch ich
damit begonnen habe. Ich wäre lieber unglücklich als dunkel; Ich würde

lieber leiden, als in elender Langeweile zu schmachten, die für mich die fruchtbare Mutter tödlicher Melancholie und schwarzer Gedanken des Elends ist, quälender als alle Beschwerden des Körpers. Eltern beurteilen ihre Kinder in der Regel günstiger als andere, Sie hingegen beurteilen Ihre Kinder härter und würden daher nie glauben, dass wir für etwas Großes geboren wurden; Vielleicht reizt Sie keine Größe, die nicht mit geometrischer Präzision gemessen werden kann.

„Nachdem ich Ihnen nach bestem Wissen und Gewissen die Gründe für den Schritt dargelegt habe, den ich zu unternehmen gedenke, bleibt mir nur noch, Sie um Verzeihung für den Kummer zu bitten, den er Ihnen bereiten könnte. Wenn mein Gesundheitszustand weniger unsicher wäre, würde ich es lieber tun betteln von Haus zu Haus, das eine Nadel berührt, die dir gehörte. Aber so schwach ich auch bin und keine Hoffnung, etwas von dir zu bekommen, musste ich, um nicht unterwegs zu sterben, das nehmen, was für mich absolut notwendig war Ich bin zutiefst betrübt, und es bringt mich fast ins Wanken, wenn ich an den Kummer denke, den ich Ihnen bereiten werde, da ich weiß, wie gütig Ihr Herz ist und wie sehr Sie sich bemühen , uns mit unserem Schicksal zufrieden zu stellen. Für diese Bemühungen bin ich dankbar aus tiefstem Herzen, und es ist für mich eine Qual, daran zu denken, dass ich mit dem Laster der Undankbarkeit infiziert zu sein scheine, das ich mehr als alles andere verabscheue. Nur der Unterschied in unseren Prinzipien, der in keiner Weise überwunden werden konnte, und der Der Grund meines ganzen Unglücks war die Tatsache, dass ich zwangsläufig entweder hier vor Verzweiflung sterben würde oder dass ich die Flucht ergreifen würde, wie ich es jetzt tue. Es hat dem Himmel zu unserer Strafe gefallen, dass die einzigen jungen Männer in dieser Stadt, die Gedanken hatten, die über das gewöhnliche Niveau von Recanati hinausgingen, Ihnen geboren wurden, um Ihre Geduld auf die Probe zu stellen, und dass der einzige Vater sein sollte, der solche Söhne als Unglück ansah uns zugeteilt. Was mich tröstet, ist der Gedanke, dass dies der letzte Ärger ist, den ich dir bereite, und dass er dich von meiner unwillkommenen Anwesenheit befreien wird. Mein lieber Vater, wenn du mir erlaubst, dich bei diesem Namen zu nennen, knie ich vor dir nieder und bitte dich um Verzeihung für jemanden, der von Natur und Umständen so unglücklich ist. Ich wünschte, dass mein Unglück mein ausschließliches Eigentum wäre und dass niemand es mit mir teilen könnte, und ich vertraue darauf, dass es auch in Zukunft so sein wird. Wenn das Schicksal mich jemals zum Besitzer von etwas macht, wird mein erster Gedanke sein, das zu ersetzen, was ich dir jetzt genommen habe. Der letzte Gefallen , um den ich Sie bitte, ist, dass Sie ihn nicht verfluchen werden, wenn Sie sich jemals an Ihren elenden Sohn erinnern, der Sie immer verehrt und geliebt hat. und wenn Sie ihn nicht loben können, werden Sie ihm zumindest das Mitgefühl entgegenbringen, das selbst Übeltätern zuteil wird."

Dies ist, in wenigen Passagen gekürzt, der denkwürdige Brief, der die Sorgen in Leopardis Seele offenbart. Es ist ein merkwürdiges Gemisch aus verletzter Eitelkeit, eingebildetem Unrecht und echtem Groll. Es ist merkwürdig, dass Leopardi sich solche Sorgen um seine Zukunft gemacht hat. Er war der älteste Sohn seines Vaters und als solcher Erbe umfangreicher, wenn auch etwas belasteter Ländereien. Ich glaube, er verwechselte seine eigenen Gefühle und das, was er als Sorge um seinen Lebensunterhalt ansah, war in Wirklichkeit die Qual eines unbefriedigten Ehrgeizes. Der fatale Fehler seines Vaters bestand darin, einen so leidenschaftlichen und aufstrebenden jungen Mann in den eingeschränkten Alltag eines eher klösterlichen Zuhauses einzusperren . Monaldo und Adelaide hatten echte Angst davor, dass ihre Kinder durch unerwünschte Freunde infiziert würden; und um dieses Übel abzuwenden, durften weder der Dichter noch seine Brüder ohne Begleitung hinausgehen. Natürlich ärgerten sich die jungen Gefangenen über diese Überwachung, insbesondere Leopardi, der zu einer Zeit, als sich sein literarischer Ruf in ganz Italien verbreitete, noch immer den Zwängen der Kinderstube unterlag. „Alle behandeln mich wie ein Kind", schreibt er, „außer meinen Eltern, die mich wie ein Baby behandeln." Kein Wunder, dass der Flug seine Romantik und seine Reize hatte; aber wohin wäre er gegangen, wenn er weggelaufen wäre? Zweifellos ließ ihn die völlige Unfähigkeit, diese Frage zu beantworten, die Idee aufgeben. Carlo und Paolina bemerkten etwas Merkwürdiges an seinem Verhalten ; Sie beobachteten ihn, und wir können mit Sicherheit davon ausgehen, dass ihre Zuneigung ihm sein Geheimnis entlockte, dass er ihnen den für seinen Vater bestimmten Brief zeigte und dass sie ihn überredeten, den wilden und verzweifelten Plan aufzugeben. Es wäre gut gewesen, wenn der Brief verbrannt worden wäre und die ganze unglückliche Episode in Vergessenheit geraten wäre. Es lässt den Dichter wild und visionär erscheinen und den Vater zu einem verhärteteren Tyrannen, als er wirklich war. Es gelang ihm überhaupt nicht, auf die Ideen seines berühmten Sohnes einzugehen, und die Nachwelt hat ihn mit einer Härte getadelt, die er bei weitem nicht verdient hatte.

Leopardi gab den Gedanken an die Flucht auf und ergab sich so gut er konnte mit dem melancholischen Leben, das er führen musste. Sein Zuhause war langweilig, aber es war nicht die Hölle auf Erden, die Montefredini , einer seiner Biographen, uns glauben machen wollte. Es gab keinen häuslichen Streit; Von Streit ist keine Spur zu erkennen. Der Wohnstil in Monaldos Haus war ansehnlich und sogar luxuriös, aber weder sein Vater noch seine Mutter scheinen Besucher ermutigt oder bewirtet zu haben, wie man es von ihrem Rang erwarten würde. Sie waren zweifellos besorgt über Leopardis Bekanntschaft mit Pietro Giordani . Obwohl Giordani Priester war, hatte er den Ruf, im Herzen ein Freidenker zu sein, und sie fürchteten, er könnte den Dichter mit seinen Ansichten anstecken. Es besteht sogar der Verdacht, dass viele Briefe zwischen den Freunden abgefangen wurden. Aber andere haben nicht nur ihr Ziel erreicht, sondern wurden auch aufbewahrt und veröffentlicht und bilden nun ein edles Denkmal des Vertrauens und der Freundschaft. Leopardi konnte sich von Zeit zu Zeit seiner Lieblingsbeschäftigung, der Literatur, widmen und veröffentlichte einige seiner früheren Gedichte; aber ihr patriotischer Charakter machte dem besorgten Monaldo Angst . Er befürchtete, sein Sohn würde als Sympathisant der Carbonari gelten, und Leopardi musste die Kopien heimlich verteilen und so wenig wie möglich darüber sprechen.

Er gab seine Arbeit auf dem Gebiet der klassischen Antike auf und wandte seine Aufmerksamkeit originellen und bewegenden Themen voller Leben und Aktualität zu. Doch leider verschlechterte sich sein Gesundheitszustand umso mehr, je mehr sich sein Intellekt erweiterte. Die schwärzeste Melancholie verließ ihn nie, und sie wurde durch seine beharrlichen Gewohnheiten der Selbstbeobachtung täglich noch schlimmer. In einem Brief an Giordani klagt er über völlige Schwäche seines gesamten Körpers und insbesondere der Nerven. Wir hören nichts davon, dass Ärzte gerufen wurden, um das Übel zu stoppen, und der Patient selbst scheint auch nicht darum gebeten zu haben. Man ließ den Dingen freien Lauf, bis es zu spät war. „Ich lüge", sagt er in einem seiner Briefe an Giordani , „unter einem Berg von Sorgen, und kein einziger Hoffnungsschimmer ist zu sehen." „Ich spreche aus meinem Herzen und verstelle nichts", ruft er. Der große Dichter ist bereits ein großer Pessimist.

Im Jahr 1821 wurde der Ton seiner Briefe etwas fröhlicher und er interessierte sich für die Verlobung seiner Schwester Paolina und schrieb ein Gedicht über ihre Hochzeit. Doch die Verhandlungen wurden abgebrochen und die Hochzeit fand nie statt.

Seine Eltern waren sich des immensen Rufs seiner großen Gelehrsamkeit bewusst und hegten die Hoffnung, dass er die kirchliche Laufbahn einschlagen und in der Römischen Kurie zu hohen Würden aufsteigen würde. Als schließlich ihre Zustimmung zu seiner Abreise von zu Hause eingeholt wurde, in der Hoffnung, dass die Veränderung seinen angeschlagenen Nerven zugute kommen würde, wurde er nach Rom geschickt, zweifellos mit dem Wunsch, in Zukunft nützliche Bekanntschaften zu machen. Er wohnte bei seinem Onkel mütterlicherseits, dem Marquis Carlo Antici . Aber kaum war er in Rom angekommen, bedauerte er Recanati , und es wurde offensichtlich, dass eine seiner auffälligsten Eigenheiten, wohin er auch ging, ein tiefer Abscheu vor seinem Wohnort war, ein völliger Abscheu, den er weder mäßigte noch verheimlichte. Wenn er Recanati ein Verlies nannte, nannte er Rom ein riesiges Grab . Seine angeschlagenen Nerven konnten die Menschenmenge um ihn herum kaum ertragen, und er sah in der Gesellschaft nicht ihre Lebhaftigkeit und Lebhaftigkeit, sondern ihre Frivolität und Leere. Für die

Literaten Roms hegte er unermessliche Verachtung. Er verachtete sie wegen ihrer Hingabe an antiquarische Kleinigkeiten . Aber dieser Vorwurf kam mit Ungnade von Leopardi, der selbst Jahre lang mühsam studiert und sogar den kostbaren Besitz seiner Gesundheit für die mühsame Aufklärung grammatikalischer und philologischer Probleme verschwendet hatte, die kaum wichtiger waren als die Münzen und Inschriften römischer Antiquare.

Er machte jedoch einige angenehme Bekanntschaften, darunter vor allem den Historiker Niebuhr, den damaligen preußischen Botschafter im Vatikan. Niebuhr empfand tiefe Bewunderung für sein Genie und sprach gegenüber Kardinal Consalvi, dem Staatssekretär von Pius VII., in den höchsten Tönen von ihm. Der Kardinal stellte ihm eine wertvolle Beförderung in Aussicht, allerdings nur unter der Bedingung, dass er die kirchliche Laufbahn einschlagen würde. Leopardi erwiderte dies jedoch unüberwindlich. Weder seine eigenen Interessen noch die Überredung seiner Freunde konnten ihn zum Nachgeben bewegen. Pius VII. starb 1823 und Consalvi zog sich aus der Leitung der öffentlichen Angelegenheiten zurück. Eine so günstige Gelegenheit kam nie wieder. Niebuhr bot Leopardi einen Termin in Preußen an, doch dieser lehnte ab, da er die lange Reise und das raue Klima Berlins fürchtete. So großartig sein Ruf auch war, es bot sich keine andere Möglichkeit an. Es ist interessant, über die Wechselfälle des literarischen Ruhms nachzudenken. Leopardi wird heute für seine lyrischen Gedichte sowie für seine Dialoge und Gedanken in Prosa geschätzt; Doch sein mühsames Studium der Philologie, dem er Gesundheit und Glück opferte, gerät schnell in Vergessenheit. Als er zum ersten Mal nach Rom ging, hatte er kaum eine Zeile über das geschrieben, was ihm Unsterblichkeit verliehen hat. Die ganze Wertschätzung, die er genoss, wurde ihm für die Früchte seines jugendlichen Fleißes zuteil. Der Grammatiker, der die schwierigsten Passagen der antiken Schriftsteller Griechenlands und Roms lösen konnte, der sich im Talmud ebenso gut auskannte wie in der Bibel, der die unbekanntesten italienischen Schriftsteller des 14. Jahrhunderts so gut kannte wie seine Zeitgenossen Petrarca geschätzt und gepriesen; Der wohlklingende Dichter und tiefgründige Philosoph wurde weder ignoriert noch verachtet, weil seine Existenz nicht einmal vermutet wurde.

1823 kehrte er nach einem fünfmonatigen Aufenthalt in Rom nach Recanati zurück . Er hatte die Welt gesehen, die er so gerne erkunden wollte, und das Ergebnis war Ernüchterung. Sein Gesundheitszustand verbesserte sich nicht, im Gegenteil, er wurde durch die unvermeidlichen Strapazen des Reisens, der Besichtigungen und der Gesellschaft eher geschädigt. Er blieb zwei Jahre in Recanati und war während eines Teils dieser Zeit damit beschäftigt, einen Gedichtband zu veröffentlichen. Sie fanden großen Anklang, wurden jedoch heimlich und ohne Wissen seiner Eltern veröffentlicht. Die Leidenschaft für Überarbeitung ließ ihn auch nach der Warnung, die ihm sein angeschlagener

Gesundheitszustand bereits gegeben hatte, nicht im Stich . „Ich arbeite Tag und Nacht, so viel es meine Kräfte erlauben. Wenn ich zusammenbreche, gehe ich monatelang täglich in meinem Zimmer auf und ab." Er hätte besser daran getan, im Freien auf und ab zu gehen.

Nachdem er in Rom so viel von der Inkompetenz und Frivolität der Literaten gesehen hatte, verzweifelte er daran, die gebührende Wertschätzung für die aufwändige Endbearbeitung zu finden, die er seinen Werken verleihen wollte und ohne die er nicht schreiben wollte. Dennoch befahl ihm sein ehrgeiziger Geist, durchzuhalten, und zu den Zeichen der Ermutigung, die er erhielt, gehörte die Hommage, die Niebuhr ihm für die Widmung eines seiner Werke erwies. Als Niebuhr Rom verließ , ermahnte er seinen Nachfolger Bunsen, die großen Verdienste Leopardis zu würdigen, und Bunsen erwies sich als lebenslanger Freund des Dichters.

1825 erhielt er vom Mailänder Verleger Stella das Angebot, eine Ausgabe des Gesamtwerks von Cicero zu betreuen und bei ihm zu wohnen, während die Blätter durch die Druckerei gingen. Er nahm es gerne an. Im Juli brach er nach Mailand auf und blieb einen Monat in Bologna, um der Ermüdung des Reisens während der großen Hitze zu entgehen. Bologna war einer der wenigen Orte, die ihm wirklich gefielen. Er genoss die Gesellschaft von Giordani und anderen Freunden und wollte sich nur ungern von ihnen trennen. Als er Mailand erreichte, sehnte er sich danach , nach Bologna zurückzukehren; alles kam ihm abstoßend und sogar feindselig vor; er hat keine Freunde gefunden; seine Pflichten gegenüber der Ausgabe von Cicero erschienen ihm unerträglich lästig; und er mochte sogar die Fröhlichkeiten Mailands nicht, Fröhlichkeiten, denen er manchmal zu unwohl und manchmal zu melancholisch war, um mitzumachen.

„Er trug sein Unglück mit sich, wohin er auch ging", sagt Ambrosoli , der ihn in dieser Epoche traf; „Und er konnte an keinem Ort lange glücklich bleiben. Er konnte in Italien keine geeignete Stelle bekommen, und außerhalb Italiens wollte er keine annehmen. Als er 1825 nach Mailand kam, um einige Monate beim Verleger Stella zu bleiben, er war schon ein Objekt des Mitgefühls, so jung und mit einem solchen Ruf für Genialität und Gelehrsamkeit, und dennoch eilte er sichtlich seinem Ende entgegen. In seinen Gesprächen wie auch in seinen Schriften war er so einfach, so fern von jeder Prahlerei, dass nur wenige vermuten würden, dass er ein außergewöhnlicher Mann war; aber nach und nach offenbarten die Blitze seines Witzes und die Schätze seines Wissens die Kräfte, die in ihm steckten.

Schließlich verwirklichte er seine Absicht, nach Bologna zurückzukehren, doch der zweite Besuch war nicht so angenehm wie der erste . Als der Winter kam, war es bitterkalt und seine Gesundheit litt entsprechend darunter. Gerne wäre er nach Mailand zurückgekehrt, erhielt aber keine weitere

Einladung. Er war mit einem Kommentar zu Petrarca beschäftigt, eine Arbeit , die er nicht sehr bereitwillig in Angriff nahm, die ihm aber von Stella aufgedrängt wurde. Es war ein großer Erfolg, und Stella hatte Grund, sich zu seinem Scharfsinn zu beglückwünschen, der es einem so begabten Schriftsteller ermöglichte, die Arbeit zu erledigen. Er beauftragte Leopardi mit der Herausgabe einer Auswahl der besten Werke der besten Autoren, und diese Aufgabe beschäftigte ihn noch, als er im November 1826 nach Recanati zurückkehrte .

Es scheint, dass er während seines Aufenthaltes in Bologna den Reizen der Liebe gegenüber nicht unempfindlich gewesen war; aber die Liebe konnte für ihn nur eine Quelle der Qual sein; Und wie seine erste Rückkehr nach Hause durch den Verlust der Hoffnung gekennzeichnet war , so war es auch bei seiner zweiten Rückkehr durch den Verlust der Zuneigung. Er schien sich, wie der Held des *Pilgerwegs,* im Griff der Riesenverzweiflung zu winden; und vom Tag seiner Ankunft bis zu seiner Abreise im folgenden April wurde er kein einziges Mal in den Straßen von Recanati gesehen .

Er suchte Abhilfe für seine Sorgen, indem er nach Bologna zurückkehrte, aber vergebens; und am 20. Juni 1827 zog er nach Florenz, wo er die Gesellschaft von Giordani genoss ; Doch eine akute Augenentzündung zwang ihn dazu, das Haus nicht mehr zu betreten, und hinderte ihn lange Zeit daran, die Kunstschätze zu besichtigen, die die toskanische Stadt überschwemmen. In dieser Epoche veröffentlichte er seine *Operette Morali* , eine Reihe von Dialogen und Essays, die nach Ansicht der besten Kritiker seines Landes das vollkommenste Beispiel an Prosa in italienischer Sprache darstellt.

Im Herbst erholte er sich einigermaßen, und da er die Besserung fortsetzen wollte, entging er der Kälte von Florenz, indem er in Pisa überwinterte. Florenz als Residenz gefiel ihm nicht, aber von Pisa war er verzaubert. Die Besserung war jedoch nur gering und seine Nerven waren in einem so schwachen Zustand, dass an eine Bewerbung oder ein Studium nicht mehr zu denken war. Im April 1828 konnte er sich wieder der Komposition widmen und schien sich wieder zu erholen, als ihn der Tod seines Bruders Luigi zutiefst betrübte. Von Juni bis November war er erneut in Florenz, doch nach dem jüngsten Trauerfall machte sich seine Sehnsucht nach der Heimat deutlich bemerkbar.

Er startete am 12. November für Recanati in Begleitung eines jungen Mannes, der später als Vincenzo Gioberti bekannt wurde . Er fand seinen Geburtsort vom Schatten des Todes verdunkelt, der ihm wie der Herold seines eigenen Todes vorkam. Seine frühere Trübsinnigkeit kehrte zurück, aber in einer noch schrecklicheren Form; er sah nur die Vernichtung vor sich; und er warf den letzten Blick auf das Leben in seinem großartigen *Ricordanze*

, dem farbenprächtigsten , zutiefst pathetischsten und unfassbar tiefgründigsten aller seiner Gedichte.

Im Jahr 1830 drängten seine florentinischen Freunde, ihn wieder in ihrer Mitte zu haben, zu seiner Rückkehr in ihre Stadt. Deshalb verabschiedete er sich im Mai von seiner Familie, ohne zu glauben, dass er sie nie wieder sehen würde. Es wäre interessant zu fragen, warum es ihm so schlecht ging, wenn er zu Hause war und sich in der Abwesenheit immer danach sehnte, dort zu sein. Sein Bruder Carlo sagte viele Jahre später zu Prospero Viani , dem Herausgeber seiner Korrespondenz, dass keines seiner andernorts verfassten Gedichte die Schönheit der in Recanati verfassten hatte ; und als Viani die *Ginestra* erwähnte , antwortete Carlo, dass im Wesentlichen sogar die *Ginestra in* Recanati konzipiert wurde . Einige Biographen sagen, das *Risorgimento* sei in Pisa geschrieben worden; aber Ranieri, der wahrscheinlich gut informiert war, sagt, dass es in Recanati geschrieben wurde , und diese Behauptung wird meiner Meinung nach durch interne Beweise gestützt. Der *Canto Notturno* scheint ebenfalls in seinem Geburtsort geschrieben worden zu sein. Somit wäre Carlos Aussage richtig. Es ist zu beobachten, dass die auf den *Canto Notturno folgenden Gedichte,* mit Ausnahme von *Aspasia* und dem kleinen Gedicht *An ihn selbst,* einen Hauch von Trägheit annehmen, der seinen früheren Produktionen fremd war. Diese Trägheit ist selbst im erhabenen *Ginestra spürbar und* fehlt auch in Passagen des *Pensiero nicht Dominante ,* *Amore e Morte und* die langen, gespielt heroischen *Paralipomeni . Die Ruhe von* Recanati , so sepulkral es ihm auch vorgekommen sein mag , und die exquisite Schönheit seiner Landschaft, die in der Ferne vom blauen Wasser der Adria begrenzt wird, waren förderlich für die Ausübung der Fantasie. Wir dürfen auch nicht vergessen, dass er mit der gleichen Bitterkeit von anderen Orten (außer Pisa und Bologna) sprach. Das Klima scheint seinem zarten Körper wirklich zugesetzt zu haben. Er gewährte seinen Bewohnern nur ein Verdienst, nämlich, mit Reinheit und Eleganz Italienisch zu sprechen.

Sein Aufenthalt in Florenz, der von Mai 1830 bis Oktober des folgenden Jahres dauerte, wurde durch die Veröffentlichung einer weiteren Ausgabe seiner Gedichte mit vielen hinzugefügten Stücken und einem Widmungsbrief an seine toskanischen Freunde zu einem unvergesslichen Erlebnis. Zu dieser Zeit lernte er Ranieri kennen, einen Neapolitaner mit literarischen Talenten, der sein enger Freund und zukünftiger Biograph werden sollte.

Im Oktober 1831 verschwand er plötzlich aus Florenz und tauchte in Rom auf, warum, konnte niemand sagen. Er schrieb zu diesem Thema an seinen Bruder Carlo und bat ihn, nicht nach den Einzelheiten einer langen Romanze voller Schmerz und Qual zu fragen. Es wurde vermutet, dass er seine Zuneigung auf ein unwürdiges Objekt richtete und sich bitter nicht täuschen ließ. Was auch immer die Umstände gewesen sein mögen, es ist sicher, dass sein immer großes seelisches Elend in Rom ein unerträgliches Ausmaß erreichte und dass er eine Zeit lang Gedanken an Selbstzerstörung hegte . Aber die Stärke seines Charakters überwand die Stärke seines Kummers, und er wurde allmählich sanfter und gelassener. Zu dieser Zeit entstand die Florentiner Accademia della Crusca wählte ihn zu einem Mitglied, eine würdige Hommage an sein Genie und seine Beredsamkeit. Nach einem fünfmonatigen Aufenthalt in Rom kehrte er nach Florenz zurück, wo er so gefährlich erkrankte, dass das Gerücht von seinem Tod die Runde machte. Die Ärzte drängten ihn, ein milderes Klima auszuprobieren, und im September 1833 machte er sich in Begleitung von Ranieri auf den Weg nach Neapel.

in Neapel und Umgebung verbringen.

Die Naturschönheiten des umliegenden Landes waren für jemanden, der ihren Charme so zu schätzen wusste, eine wahre Freude. Mit der Zeit besserte sich sein Gesundheitszustand und er konnte den Reichtum seines Intellekts unter Beweis stellen, indem er die *Paralipomeni schrieb* , viele distanzierte Gedanken in Prosa, wie die *Pensées* von Pascal und die *Maxims* von La Rochefoucauld; und vor allem sein philosophisches und unsterbliches Gedicht, die *Ginestra* , von der man sagen kann, dass sein Ruhm allein durch diese Produktion aufrechterhalten würde, wenn er nichts anderes geschrieben hätte.

Im März 1836 fühlte sich derjenige, der zuvor so tief über den Tod geseufzt und ihn in so exquisiten Versen angerufen hatte, so stark gebessert, dass er meinte, er hätte noch viele Jahre vor sich. Doch dies war nur das letzte Flackern der Flamme, bevor sie für immer erlosch. Im Jahr 1837 wütete die Cholera, und die Aussicht, einer mysteriösen und schrecklichen Krankheit zum Opfer zu fallen, erfüllte ihn mit Grauen. Der große deutsche Dichter Platen, der vor seiner Abreise nach Sizilien, wo er starb, in Neapel gelebt hatte, war der erste, der ihn zu diesem Thema beunruhigte .

Leopardi war völlig unglücklich und seine seltsame Abneigung gegen die Orte, an denen er lebte, wurde mit unvernünftiger Gewalt wiederbelebt. Er beschrieb Neapel als eine Höhle barbarischer afrikanischer Wildheit. Er sehnte sich nach Hause und sehnte sich nach seiner Familie, und der letzte Brief, den er an seinen Vater schickte (drei Wochen vor seinem Tod), war voller Pläne, nach Recanati zurückzukehren, sobald seine Gebrechen und die Quarantäne es erlaubten. Wegen Sehschwäche konnte er seine Briefe seit einigen Jahren nicht mehr schreiben und musste sie einem Gehilfen diktieren.

„Wenn ich der Cholera entkomme", sagt er in diesem Brief, der sein letzter sein sollte, „und sobald es meine Gesundheit zulässt, werde ich mein Möglichstes tun, um zu Ihnen zurückzukehren, egal zu welcher Jahreszeit; denn ich muss." Beeilen Sie sich, denn ich bin davon überzeugt, dass die

Frist, die Gott meinen Tagen vorgeschrieben hat, nicht mehr in weiter Ferne liegen kann. Meine körperlichen Leiden, unaufhörlich und unheilbar, haben im Laufe der Zeit ein solches Ausmaß erreicht, dass sie nicht schlimmer werden können, und ich hoffe, dass, wenn es soweit ist Wenn der schwache Widerstand meines sterbenden Körpers erschöpft ist, können sie mich zu der ewigen Ruhe führen, für die ich täglich bete, nicht aus Heldentum, sondern aus der Intensität der Qualen, die ich erleide.

Seine irdischen Sorgen neigten sich tatsächlich dem Ende zu, und er starb plötzlich in Capo di Monte, als er sich auf eine Autofahrt vorbereitete, am 14. Juni 1837 um fünf Uhr nachmittags im Alter von insgesamt neununddreißig Jahren aber vierzehn Tage. „Seine Leiche", sagt Ranieri, „wurde wie durch ein Wunder von der gewöhnlichen und verworrenen Begräbnisstätte gerettet, die durch die Cholera-Bestimmungen vorgeschrieben wurde, und wurde in der Vorstadtkirche San Vitale an der Straße von Pozzuoli beigesetzt, wo eine schlichte Grabplatte auf sein Andenken hinweist." der Besucher." Er war schlank und kleinwüchsig, etwas gebeugt und sehr blass, mit großer Stirn und blauen Augen, einer Adlernase und feinen Gesichtszügen, einer sanften Stimme und einem äußerst attraktiven Lächeln. Sein Vater überlebte ihn zehn Jahre; seine Mutter, zwanzig Jahre; seine Schwester Paolina, zweiunddreißig Jahre; und sein Bruder Carlo, fast einundvierzig Jahre. Sein jüngster Bruder, Pierfrancesco , der 1851, ebenfalls im Alter von achtunddreißig Jahren, starb, war allein dazu bestimmt, die Familie weiterzuführen. Carlo war zweimal verheiratet, hatte aber von seiner ersten Frau nur eine Tochter, die früh starb. Der Freundlichkeit des Grafen und der Gräfin Leopardi verdanke ich mehrere interessante Werke über den Dichter.

Herr Charles Edwardes hat Leopardis Prosawerke mit großem Geschick übersetzt; Ich habe seine Gedichte übersetzt, damit auch Leser, die der italienischen Sprache nicht mächtig sind, nun einen Eindruck von seiner Philosophie und seiner Poesie bekommen können. Sowohl als Denker als auch als Dichter zeichnet er sich durch Tiefe aus. Als Prosaschriftsteller hat er eine frappierende Ähnlichkeit mit Pascal. In beiden steckt die gleiche düstere Vorstellungskraft, die gleiche Methode tiefer Meditation und die gleiche Intensität des Pessimismus. Als Dichter zeigt er die wunderbarste Vielfalt des Denkens und Ausdrucks. Sein Scheinheldengedicht mit dem Titel *Paralipomeni della Batracomiomachia ist* , wie der Name schon sagt, eine Art Fortsetzung des griechischen Gedichts, das den Krieg der Frösche und Ratten beschreibt. Das Thema ist miserabel gewählt und es ist offensichtlich, dass die Erzählung nur dazu dient, die Abschweifungen einzuleiten, und in diesen Abschweifungen kommen die brillante Fantasie und die Glückseligkeit des Stils des Dichters zum Ausdruck. Tatsächlich kann man schon allein vom Stil her sagen, dass das Werk irgendeinen Wert hat. Es ist die längste seiner poetischen Produktionen, und es ist sehr zu bedauern, dass er die Arbeit, die er für ein so frivoles Thema verschwendet hat, nicht einem Thema gewidmet hat, das seines Genies würdiger ist. Dennoch gibt es einige schöne Passagen, wie zum Beispiel eine äußerst poetische Beschreibung der Nacht, der ich eine Übersetzung beifüge:

> „Der Stern der Venus in den hohen Himmeln
> erschien vor den anderen Sternen oder dem
> Mond; alles war still; kein Atem war zu hören,
> kein Schrei, es sei denn das Murmeln einer
> fernen Lagune und summende Mücken, die
> aus dem Wald fliegen, wenn verschleiernde
> Schatten das grelle Licht ersetzen." Mittags;
> Das schöne Gesicht von Hesperus SereneWas
> wurde im See in reinem Spiegelbild gesehen.

Das Gedicht bietet auch eine exquisite Beschreibung des Kuckucks, die mit Wordsworths Gedicht zum gleichen Thema verglichen werden kann:

> Im duftenden Mai, wenn Liebe und Leben
> enger verbunden sind, hören wir den Kuckuck
> aus der Ferne, den geheimnisvollen Vogel, der
> in den Wäldern tiefgründige Seufzer ausstößt,
> die fast menschlich sind, der wie ein
> nächtliches Gespenst den aus der Ferne
> folgenden Hirten täuscht „Man hört die
> Stimme nicht lange: Sie lässt nach und stirbt,
> obwohl sie im Frühling geboren wird, wenn
> die Sommerhitze aufkommt."

Aber Leopardis allgemeiner Ruf beruht auf den einundvierzig Gedichten und Gedichtfragmenten, die unter dem Sammeltitel *Canti veröffentlicht wurden* . Vierunddreißig der Stücke sind vollständige Originalgedichte, sieben sind entweder Fragmente oder Übersetzungen.

Beim Lesen von Petrarcas Oden und Sonetten entdecken wir eine gewisse Gleichartigkeit, weshalb es schwierig ist, die große Zahl der Gedichte, so schön sie auch sein mögen, im Gedächtnis zu behalten. Das Gleiche gilt nicht für Leopardis *Canti* . Dort hat jedes Gedicht eine eigene Individualität und hinterlässt beim Leser einen unauslöschlichen Eindruck. Ich werde einige der schönsten zitieren und mit einem seiner am meisten bewunderten Meisterwerke beginnen, in dem er unter der Verkleidung von Sappho, bevor er den tödlichen Sprung vom Vorgebirge von Leucadia wagt, seine eigenen körperlichen Leiden beklagt.

Das letzte Lied von Sappho.

(Ultimo Canto di Saffo).

Du friedvolle Nacht, du keuscher und silberner Strahl des untergehenden Mondes; und du erhebst dich inmitten des stillen Waldes auf den Felsen, Herold des Tages; O geschätzte und geliebte, während Schicksal und Untergang meines Wissens verschlossen waren, Objekte des Sehens! Kein schönes Land und kein schöner Himmel wird meine verzweifelte Stimmung länger erfreuen. Durch ungewohnte Freude werden wir wiederbelebt, wenn über den flüssigen Weiten des Himmels und über den erschreckten Feldern der Sturm der Winde wild wirbelt und wenn der Wagen, der schwerfällige Wagen Jupiters , über unseren Köpfen, teilt donnernd die schwere Luft, die dunkel ist. Über Berggipfeln und über tiefen Abgründen lieben wir es, inmitten der schnellsten Wolken zu schweben; wir lieben den Schrecken der zerstreuten Herden, die Bäche, die die Ebene überfluten, und die siegreichen, donnernde Wut des Mains.

Schön ist dein Anblick, oh göttlicher Himmel, und schön bist du, oh taufrische Erde! Ach! Von all dieser unendlichen Schönheit gaben die Götter oder das Schicksal der elenden Sappho nicht den geringsten Teil. Zu deiner Herrschaft. Großartig, o Natur, ein unwillkommener Gast, und ein verachteter Anbeter ist mein Herz, und meine Augen flehen deine lieblichen Formen an;
Aber alles umsonst. Das sonnige Land um mich herum lächelt mir nicht zu, auch nicht aus ätherischen Toren. Das Erröten der frühen Morgendämmerung; nicht ich die Lieder der Vögel mit den leuchtenden Federn, nicht ich die BäumeGrüße mit murmelnden Blättern; Und wo im Schatten herabhängender Weiden ein flüssiger Strom seinen reinen und kristallklaren Lauf zeigt, von meinem vorrückenden Fuß die sanften und fließenden Wellen, die sich voller Angst zurückziehen und verächtlich durch blumige Täler ihren Flug nehmen.

Welcher so große Fehler, welche so schlimme Schuld hat mich vor meiner Geburt verdorben, dass mir die Stirn des Glücks und des Himmels wuchs? Wie habe ich als Kind gesündigt, als ich nichts von der Bosheit des Lebens wusste,

das von da an der Jugend und seiner Jugend beraubt war?
Schönste Blumen, Das grausame Schicksal hat mit
unerbittlichem Zorn das Netz meiner Existenz gewoben?
Rücksichtslose Worte steigen auf deine Lippen; Die
Ereignisse, die stattfinden werden, werden von einem
geheimen Rat geleitet. Geheimnis ist alles, unsere Qual
ausgenommen. Wir wurden geboren, vernachlässigte Rasse,
für Tränen; Der Grund liegt inmitten der Götter in der
Höhe. Oh Sorgen und Hoffnungen
der frühen Jahre! Der Schönheit schenkte der Herr der
herrlichen Schönheit eine ewige Herrschaft über diese
Menschheit; für kriegerische Taten, für gelehrte Lyra oder
Lieder, in schmuckloser Form gehören keine Zauber zum
Ruhm.

Ah! lass uns sterben. Das unwürdige Gewand wird abgelegt,
die nackte Seele wird ihre Flucht ergreifen und die grausame
Schuld der blinden Verwalter unseres Los sühnen. Und du,
für den eine lange, vergebliche Liebe, ein langer Glaube und
ein fruchtloser Zorn, dessen ungestilltes Verlangen mein
Herz überfiel, Lebe glücklich, wenn auch glücklich auf
Erden. Ein Sterblicher hat doch gelebt. Nicht ich, Jove,
besprenkelte ihn mit dem köstlichen Schnaps aus der
geizigen Urne, denn meine Kindheit starb, die Träume und
liebevollen Wahnvorstellungen. Die frohen Tage unserer
Existenz sind die ersten, die vergehen; dann kommen
Krankheit und Alter und zuletzt
der Schatten des kalten Todes. Erblicken! Von all
den Palmen, auf die ich gehofft habe, und den süßen
Irrtümern bleibt Hades; und der transzendente Geist
sinkt zum stygischen Ufer, wo dunkle Nacht herrscht und
ewige Stille.

DAS UNENDLICHE.

Ich habe diesen einsamen Hügel und diese grüne Hecke, die
sich auf allen Seiten verbirgt, immer geliebt. Der letzte und
trübe Horizont, den wir nicht sehen können Schrecken
erfüllt
mein Herz mit wundersamer Ehrfurcht. Und während ich
den Wind inmitten der grünen Blätter rauschen höre,
vergleiche ich diese unendliche Stille mit diesem Klang, und

in meinem Geist erscheint die Ewigkeit und alle vergangenen
Zeitalter und die Gegenwart, deren Klang mein Ohr trifft.
Und so
treiben meine Gedanken in dieser Unermesslichkeit weiter,
und es ist süß, auf solch einem Meer Schiffbruch zu erleiden.

Sylvia, erinnerst du dich
noch an die süße Zeit deines Aufenthalts auf Erden, als
Schönheit deine Stirn zierte und deine Augen so strahlend
und so fröhlich glühten und du, so fröhlich und doch
nachdenklich, den schönen Weg der Jugend gegangen bist?

Die Gemächer waren ruhig und still, die sonnigen Pfade
umher erklangen zu deinem Lied, als du, deiner
handwerklichen Absicht folgend,
voller Freude in der schönen Zukunft
saßst , in der deine Hoffnungen gebunden waren. Es war der
duftende Monat des blumigen Mai, Und so verging dein Tag.

Ich lasse
die Mühen und Wachsamkeiten meines Geistes
, die mein Leben verschlungen haben, und meine weitaus
beste Grabstätte hinter mir und lasse meine Ohren aus dem
Fenster des Hauses meines Vaters lauschen auf deinen
silbernen Gesang und auf deine schnelle Hand, die mit
Geschick das Spinnen fegte Fädeln Sie entlang; ich sah den
Himmel heiter, die strahlenden Pfade und Blumen, und hier
das Meer, der Berg dort, sich ausdehnen.

Was für göttlich süße Gedanken, was für Hoffnungen, oh
Sylvia! Und was für Seelen gehörten uns! In welcher Gestalt
begegneten wir unserem Schicksal und unserem Leben?
Wenn ich mich an solche aufstrebenden Fliegen erinnere,
dringt ein heftiger Schmerz in meine Seele ein, den nichts
trösten kann, und ich beklage erneut mein Unglück. O Natur,
frei von Ruth! Warum gibst du nicht etwas zurück? faire
Versprechen? Warum voller Betrug deine elende
Nachkommenschaft verschmähen?

Bevor der Winter die Kräuter zerstörte und von einer

unbekannten Krankheit ins Grab geführt wurde,
bist du zugrunde gegangen, zarte Blüte. Du hast die Blüte
deines Lebens
nicht genossen, noch hast du gehört, dein Herz zu erfreuen,
die Bewunderung deines rabenschwarzen Haares oder die
verliebten Blicke deiner Augen;
Noch sprachen deine Gefährten in der festlichen Stunde von
den Verzückungen leidenschaftlicher Liebe oder von ihren
brennenden Seufzern.

Bald war auch meine Hoffnung tot und verschwunden.
Durch den grausamen Beschluss des Schicksals wurde die
Jugendlichkeit meinen Jahren verwehrt. Ach, ich! Wie bist du
vorbei, ja, du lieber Gefährte meines früheren Tages,
meine Hoffnung beklagte sich so sehr!
Ist das die Welt? Sind das die Freuden, die Liebe, die Arbeit
und die Taten
, von denen wir so oft gemeinsam gesprochen haben? Ist dies
das Schicksal, dem die Menschheit entgegengeht? Als die
dunkle Realität vor dir offenbart wurde, sankst du und deine
sterbende Hand
zeigte auf den Tod, eine Gestalt der Kälte Finsternis und zu
einem fernen Grab.

DIE RUHE NACH DEM STURM.

Der Sturm ist vorüber; Die Vögel jubeln; ich höre die
gefiederten Sänger ihre Töne stimmen, wenn sie wieder
hervorkommen. Erblicken! der Himmel bricht ruhig durch
Regionen des Westens, jenseits des Bergrückens; Das
umliegende Land tritt aus den Schatten hervor, und unten im
Tal leuchtet der Fluss deutlich.

Jedes Herz freut sich; Überall erwacht der Klang des Lebens
und die gewohnte Arbeit wieder; der Handwerker sieht den
flüssigen Himmel,
mit Werkzeugen in der Hand und singend kommt er, bevor
die Tür seiner Wohnung erscheint; die Jungfrau mit ihrem
Krug tritt hervor, um die Wasser des jüngsten Regens zu
ergreifen Und wer mit den Blumen und Kräutern von Mutter
Erde handelt, sein täglicher Schrei erneuert sich auf Straßen
und Wegen, während er weitergeht. Sehen Sie, wie die Sonne

zurückkehrt! Sehen Sie, wie er über die Hügel und Häuser
lächelt! Fleißige Hände öffnen Fenster und ziehen
Fliegengitter von Balkonen und weitläufigen Terrassen
zurück; und von der Straße, wo reger Verkehr herrscht,
ertönen die klingelnden Glocken in silberner Ferne; die
Räder drehen sich, während nun der Reisende
seine lange Reise auf der Straße fortsetzt.

Jedes Herz freut sich. Wann ist das Leben so süß, so
willkommen, wie es jetzt allen erscheint? Wann beugt sich
der Mensch mit gleicher Freude dem Studium, kehrt er
zur Arbeit zurück oder erhebt er sich zu neuen Taten?
Wann erinnert er sich weniger an all seine Übel? Ach,
wahrlich, Vergnügen ist das Kind des Leids; Freude, müßige
Freude, die Frucht der jüngsten Angst, die mit Schrecken vor
dem unmittelbaren Tod erwachte, das Herz dessen, der
dieses Leben am meisten verabscheute; und so die Nationen
in eine lange Qual, kalt, still, verdorrt vor erwartungsvoller
Angst, schauderte und zitterte, als ich sah, wie vom
Himmelstor aus die wütenden Mächte in dichter Reihenfolge
marschierten, die Wolken, die Winde, die Pfeile lebendigen
Feuers, zu unserer Vernichtung und Verzweiflung.

Oh großzügige Natur! Dies sind deine Geschenke. Dies sind
die Freuden, die du über die Sterblichen ausschütten wirst.
Dem Schmerz zu entkommen ist Glück auf Erden. Kummer
schüttest du mit reichlicher Hand aus.
Der Schmerz entspringt ungehindert einem fruchtbaren
Samen. Das kleine Vergnügen, das aus endlosem Leid wie
durch ein Wunder geboren wird, wird für einen gewaltigen
Gewinn gehalten. Unsere menschliche Rasse. Lieb den
ewigen Herrschern des Himmels! Ah! Gesegnet genug und in
der Tat glücklich, bist du, wenn der Schmerz dir eine kurze
Atempause verschafft, um zu atmen und zu leben;
Unvergleichlich
begünstigt bist du, wenn der Tod von jedem Kummer geheilt
wird.

DER SAMSTAGABEND DER DORFBEWOHNER.

Aus Wäldchen und Lichtungen macht sich die Jungfrau auf
den Weg.

Als im Westen die untergehende Sonne ruht, sammelte sie
Blumen; Ihre schlanken Finger tragen eine duftende Fülle
von Veilchen und Rosen, und mit ihrer Schönheit wird sie
ihr Haar schmücken, ihren schönen Busen mit ihren Blättern
umschlingen; das ist ihre Gewohnheit an jedem festlichen
Tag. Die alte Matrone sitzt auf den Stufen und dreht sich mit
ihren Nachbarn um Spinnrad,
mit Blick auf den Himmel, wo die Strahlen nachlassen; und
sie erinnert sich an die Jahre, die glücklichen Jahre, als sie an
festlichen Tagen ihre Schönheit zu zeigen pflegte,
und als sie inmitten ihrer Liebhaber und Genossen
im strahlenden Stolz ihrer Jugend ihre schnellen Schritte
durch labyrinthische Tänze tat gleiten.

Der Himmel verdunkelt sich bereits und das azurblaue
Gewölbe offenbart seine Schönheit. Von Hügel und Turm
stiehlt sich ein längerer Schatten im silbrigen Weiß der
Mondsichel Freier RaumIn tanzenden Scharen drängen sich
Mit Spiel und Scherz und Gesang; Und in sein ruhiges
Zuhause und einfache KostDer Arbeiter repariert
Und pfeift, während er geht, Froh über den Morgen, der
Ruhe bringen wird.

Dann, wenn kein anderes Licht in der Nähe zu sehen ist,
kein anderes Geräusch oder keine andere Bewegung, hören
wir den Hammerschlag, die Gittersäge eines geschäftigen
Zimmermanns; er ist unterwegs und tut, so anders als seine
stillen Nachbarn ; seine Nachtlampe
füllt die dunkle Werkstatt mit hilfreichem Licht, und er beeilt
sich, sein Geschäft zu vollenden. Noch vor Tagesanbruch
begrüßen die himmlischen Regionen.

Dieser der sieben ist der glücklichste Tag, voller Hoffnung
und Freude ;
Morgen werden Kummer und Fürsorge die unwillkommenen
Stunden in ihrem Verlauf tragen; morgen werden sich alle in
Gedanken an ihre gewohnten Arbeiten erinnern.

O fröhlicher Jüngling! Deine so heitere Lebenszeit ist wie ein
freudiger und herrlicher Tag,
ein klarer und heiterer Tag
, an dem das nahende Fest Deinem schönen Leben
vorausgeht. Jubeln! Wahrlich, dieser schöne Tag ist göttlich,

glaube ich. Mehr sage ich nicht; aber wenn es um dich geht, dein Fest, möge es nicht böse sein.

ASPASIE. WIEDER

erscheint mir
manchmal Dein Anschein, o Aspasia! entweder blitzend über meinen Weg inmitten der Aufenthaltsorte der Menschen in anderen Formen; oder „mitten verlassener Felder, wenn die Sonne oder die stille Schar von Sternen scheint, wie durch die süßeste Harmonie erwacht, die in meiner Seele aufsteigt, die sich noch einmal dieser wunderbaren Vision hinzugeben scheint, wie sehr verehrt, o Himmel!" von einst, wie voll der Freude und des Heiligenscheins meines Lebens!
Ich begegne nie dem Duft der Gärten oder der Blumen, die die Städte zur Schau stellen, ohne dich zu sehen, wie du an jenem Tag erschienst
, als du in deinen prächtigen Räumen erschienst, die den Duft der süßesten Blumen des jüngsten Frühlings verströmten, gekleidet in Gewänder, die den Farbton des Veilchens trugen, zuerst deins Engelsgestalt begegnete meinem Blick, als du, liegend, auf
fremden, weißen Pelzen und tiefem, üppigem Charme lagst, der dein zu sein schien, während du, eine geschickte Zauberin liebevoller Herzen, auf den rosigen Lippen deiner schönen Kinder viele innige Küsse eingeprägt hast und dich niederbeugst zu ihnen dein Hals
von schneeweißer Schönheit und mit lieblicher Hand ihre arglosen Formen, die sich deiner List nicht bewusst sind und sich an deine Brust klammern, so begehrt, wenn auch verborgen. Der Vision meiner Seele wurden ein anderer Himmel und eine bezaubernde Welt und ein Glanz wie vom Himmel offenbart. So
fixierte deine Kraft in meinem Herzen, obwohl nicht unbewaffnet, den Pfeil, den ich verwundet trug,
bis zu dem Tag, an dem die sich drehende Erde zum zweiten Mal ihren jährlichen Lauf erfüllte.

Ein für meinen Gedanken göttlicher Strahl erschien, Herrin, deine Schönheit. Die Harmonie von Schönheit und Musik erzeugt ähnliche Wirkungen und enthüllt die erhabenen Geheimnisse

des unbekannten Gartens Eden. Von dort betet die liebende Seele,
obwohl in ihrer Liebe verletzt, die Geburt seines zärtlichen Geistes an, der verliebten Idee, die den Olymp in ihre Reichweite einschließt, und erscheint im Gesicht, in der Art und in der Sprache wie derjenige, den der verzauberte Liebhaber allein zu schätzen und zu bewundern wünscht. Nicht sie, sondern dieses süße Bild umarmt er selbst in den Verzückungen einer zärtlichen Umarmung. Als er schließlich seinen Irrtum und die Objekte änderte, überfiel ihn der Zorn, und er beschuldigte sie oft zu Unrecht, von dem er dachte, dass er ihn liebte. Der Geist einer Frau erreichte diese erhabene Höhe. Selten steigt auf und was ihre Reize inspirierenSie denkt wenig und versteht selten. Ein so gebrechlicher Geist kann keinen solchen Gedanken hegen . Vergebens gibt sich der Mensch, getäuscht vom Licht dieser fesselnden Augen, der Hoffnung hin; vergeblich bittet er um tiefe und verborgene Gedanken, die über das sterbliche Wissen hinausgehen, von ihr, der das Naturgesetz einen geringeren Rang zuweist, denn als ihre Form ist sie weniger stark als die des Menschen empfing, so dass auch ihr Geist weniger Energie und Tiefe hatte. Noch konntest du dir nicht vorstellen, welche Inspirationen deine Schönheit in meinen Gedanken weckte, Aspasia. Du weißt wenig
, was für eine Liebe ohne Maß und was für ein großes Leid, was für eine wilde Raserei und Gefühle ohne Namen, du in mir bewegt hast, und die Zeit wird nicht erscheinen, wenn du es wissen kannst. Ebenso bleibt der erfahrene Künstler unwissend darüber, was er mit der Hand oder der Stimme in seinen Zuhörern erweckt. Diese Aspasia ist jetzt tot, die ich so verehrt habe. Sie bleibt für immer verborgen, einst ein Götze meines Lebens; es sei denn, sie erhebt sich manchmal, ein geschätzter Schatten, bevor sie lange verschwindet. Du lebst noch, nicht nur lieblich, sondern von solcher Vollkommenheit, dass du meiner Meinung nach alle anderen in den Schatten stellst. Aber jetzt ist die Begeisterung , die aus dir entstanden ist, erschöpft;
Weil ich nicht dich liebte, sondern die schöne Göttin, die in mir wohnte, jetzt ihr Grab. Ich verehrte sie lange und freute mich so sehr
über ihre himmlische Schönheit, dass ich,
schon vom ersten Moment an völlig bewusst und bewusst,
was du bist, so listig und so falsch, als du ihr Licht in deinen

Augen sahst, verfolgte sie dich liebevoll, während sie in mir
lebte; nicht geblendet oder getäuscht, sondern durch den
Genuss dieser süßen Ähnlichkeit veranlasst, eine lange und
bittere Sklaverei zu ertragen.

Jetzt rühme dich, denn du magst es . Sag, dass
du von all deinem Geschlecht der Einzige bist, vor dem ich
mein hochmütiges Haupt beugte und dem ich gern mein
Herz als Ehrerbietung darbrachte. Sag, dass du der Erste
warst (und der Letzte, das hoffe ich wirklich), den flehenden
Blick meiner Augen zu sehen, und dass ich schüchtern und
ängstlich vor dir stehe (während ich schreibe, brenne ich vor
Zorn und Scham); Ich bin meiner Selbst beraubt, Jeder
deiner Blicke, jede Geste und jedes Wort, demütig
beobachtend; bei deinen hochmütigen LaunenBlass und
gedämpft; Dann strahlt er vor Freude bei jedem Zeichen der
Gunst und ändert seinen Farbton
bei jedem deiner Blicke. Der Zauber ist verschwunden, und
mit ihm zerschmettert fällt das schwere Joch, worüber ich
mich freue. Auch wenn die Erschöpfung mit mir sei, so
umarme ich doch nach solch einem Delirium und langer
Knechtschaft
gerne wieder meine Freiheit und meinen entfesselten Geist.
Denn wenn ein Leben frei von Zuneigungen und Irrtümern
süß ist, so sei es wie eine sternenlose Nacht in der Tiefe des
Winters, Rache genug und Balsam genug Für mich, dass ich
hier auf dem Gras gemächlich und unbewegt liege, auf
Himmel, Erde, Ozean blicke und gelassen lächle. Über das
auf ihrem Grab

EINGRAVIERTE PORTRÄT EINER SCHÖNEN FRAU

.

So war deine Gestalt auf Erden, aber der erbarmungslose
Sturm des Todes löste deine Schönheit in Staub auf.
Stummer Zeuge des Fluges der Zeitalter hier,
dieses Bild deiner verlorenen Schönheit
steht ganz unbewegt da, als ob es die Obhut der Erinnerung
und des Schmerzes anvertraut hätte Die Asche, die einzig
übrigbleibt, von den süßen Reizen, die dein Sein gesegnet
haben. Dieser zärtliche Blick, der erregt, als wäre er voller

Angst zärtliche Arme; diese Hand, der reichste Schatz der
Liebe, die, wenn sie sie umklammerte, der reagierende Druck
erkannte; und dieser schöne Busen, dessen himmlischer
Charme denjenigen, die ihn sahen, einen blassen und blassen
Farbton verlieh aus dem Übermaß ihrer anbetenden
Leidenschaft: Einst waren sie so schön wie diese Skulpturen
Mode; Aber alles, was jetzt von dir auf der Erde übrig bleibt,
ist Staub und Asche, die wir vielleicht nicht sehen. Dein
Denkmal für die kommenden Zeitalter verbirgt die traurige
Vision vor unserem Blick. So berührt und zerfällt das
Schicksal zu Staub, was auch immer unseren Gedanken
erscheinen muss, das Bild des Himmels, das kostbarste und
wertvollste Allerliebstes. Oh, ewiges Geheimnis der Welt!
Jetzt Quelle und Schatz erstaunlicher Gedanken. Schönheit
erscheint in erhabener Majestät, Sogar wie eine Königin in
königlichen Gewändern , und
scheint auf Erden eine himmlische Pracht zu sein, die aus
schöneren Bereichen jenseits der Grenzen der Zeit gebracht
wurde
. Sie scheint uns Hoffnung auf Schicksale zu geben, die mit
dem Leid der Sterblichen zurechtkommen, auf glücklichere
Häuser und göttlichere Planeten, auf denen goldene Pracht
erstrahlt;
Aber am nächsten Morgen wird sie, so schwach der Schlag
auch sein mag, der sie traf, so dass sie ablehnt und stirbt,
schrecklich anzusehen und in unseren Augen zu demütigen,
zu jener unvergleichlichen Schönheit wird, die zuvor wie die
Seraphs aussah, die im Himmel den strahlenden Thron des
himmlischen Herrn anbeten, und all die wundersamen
Träume Sie hat inspiriert. Ihre Farben verlieren und
verblassen
, und in unseren nachgebenden Seelen herrscht nicht länger.
Seltsame, unendliche Wünsche und visionäre Feuer
erzeugen wundersame Musik in unserem fantasievollen
Kielwasser,
und dann unternehmen wir eine wundersame Reise weit
durch ein entzückendes Meer, wie ein unerschrockener
Seemann der Tiefe; aber wenn Eine Zwietracht
zerschmettert den entzückten Ansturm unseres Geistes. Der
Bann ist gebrochen und unsere Seelen sind frei. Eine einsame
Mahnwache, die es nicht zu halten gilt. Ein so geringer
Bruch, dass feierliche Glückseligkeit trüben kann. O Natur,
sag, wenn du völlig abscheulich bist, wenn Staub und Asche

dein Wesen symbolisieren „
Wie kannst du so erhaben und weitsichtig sein? Und wenn
du so schön bist, dass heilige Träume deine Kinder mit
Kunst und Weisheit, ihrem ihnen zugeteilten Anteil, betören
können, warum werden aus einem so unbedeutenden Grund
all deine liebevollen Sehnsüchte in die Flucht geschlagen?“

Exquisit ist das Bild der stillen Meditation in „ LA VITA SOLITARIA “ .

Manchmal setze ich mich schweigsam an einen einsamen
Ort,
auf einen Hügel oder an das Ufer eines ruhigen Sees,
gesäumt und geschmückt mit Blumen. Dort, wenn volle
Mittagshitze den Himmel erfüllt, stellt die Sonne sein
friedliches Bild dar, und zu Die Luft bewegt weder Blatt
noch Kraut, und weder rauschende Wellen noch schrilles
Grillengewirr, noch Vögel, die sich in den Zweigen darüber
tummeln, noch flatternde Schmetterlinge, noch Stimme,
noch Schritt, weder in der Ferne noch in der Nähe kann man
etwas sehen oder hören. Diese Ufer liegen in tiefster Stille
:Woher ich die Welt und sogar mich selbst vergesse,Sitze
ungerührt; und es scheint mir, dass mein Körper befreit ist,
nicht länger getragen von Seele oder Gefühl, und seine alte
Ruhe vermischt sich mit der Stille ringsum.

Sehr edel ist der Schluss des „ BRIEFES AN DEN GRAFEN CARLO PEPOLI “:

Du liebst Lieder und Dichter, die deinen Geist verzaubern;
Deine Aufgabe ist es, das seltenste Geschenk zu finden, diese
Schönheit der Seele inmitten der Menschheit, so selten
gesehn, so flüchtig und zerbrechlich, dass wir eher ihre
Abwesenheit als ihren Verlust beklagen.
Dreimal glücklich ist der, der nie die Flamme
seiner reichen Fantasie verloren hat, als er in die herbstliche
Färbung seiner Jahre kam, in dem die Frische des Herzens
für immer rein und zart erscheint! Gesegnet ist der
, den die Natur noch in heiliger Freiheit bewahrt und
bewahrt, damit er ihre Stirn mit allen Schätzen schmückt, die
seine Gedanken zulassen. Das sei das Geschenk, das der
Himmel dir verliehen hat! Auf deinem Haupt sind ihre
silbernen Zeichen zu sehen.

Ich spüre, wie in mir alle gesegneten Illusionen schwinden,
die meine Jugend und der Beginn meines Lebens

aufrechterhalten haben; ich habe sie sehr geliebt, und bis
zum bitteren Ende werde ich mit Tränen ihre liebevolle
Erinnerung pflegen. Wenn die Zeit kommt, in der meine
Seele ganz und hart erstarrt ist, wird es nicht mehr sein
In den Sternenhimmeln erfreuen die sich bündelnden
Prachtlichkeiten meinen Geist,
Meine staunenden Gedanken beschäftigen sich in vagen
Vermutungen; Noch lächeln sonnige Hügel und einsame
Orte, Noch trällernde Vögel mit frühen Tönen betören Mein
müdes Herz; noch im Himmel segelnd, Der königliche Mond
sei in meinem Auge willkommen; Wenn Kunst und Natur
für mich stumm sein werden und zarte Gefühle wie ein
Fremder kommen: Dann werde ich andere Überlieferungen,
wenn auch weniger beliebt, wählen. Dass ich den Sinn habe
Das bittere Leben kann verlieren. Mein müder Geist wird
von Wundern umarmt werden, die Gelehrte suchen und
befragen, die Weisen nachspüren, die bittere Wahrheit und
die dunkle Realität, das Ziel des Lebens, das wir so dunkel
sehen; warum ans Licht gebracht und warum mit Leid
überhäuft. Die unzähligen Generationen hier unten; Was das
Schicksal und die Natur für uns bereithalten; welche Gesetze
uns befehlen, welche Führer uns über die gefährlichen
Abgründe der Natur und der Zeit führen; das sind die
Quellen meines erhabenen Denkens, das erhabene Thema
vieler nachdenklicher Reime. So werde ich es tun live; So
unglücklich es auch sein mag, die traurige Realität hat einige
Reize. Aber wenn mein Lied unwillkommen oder seltsam ist,
werde ich nicht trauern; denn in seiner grenzenlosen
Reichweite
hat mein Geist die Liebe des Ruhms übertroffen; sie ist nur
in ihrem Namen eine Göttin; als das Schicksal und die Liebe,
die unsere Menschheit regieren, so vage, so unklug, ist sie viel
blinder.

Diese Auszüge werden es dem Leser ermöglichen, sich eine Vorstellung von
der Gedankenkraft und Gefühlstiefe zu machen, die Leopardis Gedichte
charakterisieren , auch wenn die Schönheit seiner Diktion möglicherweise
nicht in ihrer ganzen Reinheit und Süße wiedergegeben wird. Nie gab es
einen Dichter, der es verstand, mit der italienischen Sprache geschickter
umzugehen oder ihr bezaubernde Melodien oder abwechslungsreichere
Kadenzen zu verleihen. Wenn er einen Fehler hat, dann ist es, dass er dem
Schmuck manchmal zu gleichgültig gegenübersteht und dass seine
Einfachheit hin und wieder in Armut und Kahlheit verkommt. Aber wenn
wir uns daran erinnern, was die italienische Poesie zu seiner Zeit geworden

war, wie künstlich, wie überladen mit tückischen Verzierungen, werden wir ihn eher des Lobes als der Tadel für würdig halten. Seine früheren Gedichte sind die kunstvollsten, und erst nach und nach erreichte er jene kristallklare Klarheit des Stils, für die wir in der italienischen Sprache keine Parallele finden. Seine häufige Verwendung einer kapriziösen Abfolge gereimter und ungereimter Zeilen ermöglicht es ihm, seine Gedanken völlig frei zu entwickeln; in der Tat ist das Versmaß so einfach , dass es ohne seine glückliche Wortwahl und seine exquisite Vielfalt an Kadenzen gefährlich an Nachlässigkeit grenzen würde; Tatsächlich ist dies in den Werken seiner Nachahmer der Fall, und in den letzten Jahren wurde es, wahrscheinlich aus diesem Grund, von Dichtern zugunsten starrerer und vielleicht epigrammatischerer Systeme aufgegeben.

Leopardi hatte alle Eigenschaften eines großen Lyrikers. Auch wenn sein Pessimismus für viele Leser manchmal zu ausgeprägt ist, muss man zugeben, dass die Übel des Lebens zahlreich genug sind, um seine Elegien zu rechtfertigen; und er sühnt jedes Übermaß an Trübsinn durch die erlesensten Bilder der Natur und der Liebe. Die Welt erscheint in seinen Gedichten schöner, wenn auch schrecklicher und dunkler schön als in der Realität. Er verfügt über eine seltene musikalische Diktion, die das Ohr selbst in seinen melancholischsten Passagen erfreut. Tatsächlich liegt das Geheimnis seiner Kraft im einzigartigen und exquisiten Kontrast zwischen der Düsterkeit und Bitterkeit seiner Gedanken und der Süße und strahlenden Schönheit seines Stils.

Er verfügt außerdem über die seltene Fähigkeit, eine ganze Gedanken- und Gefühlswelt in wenigen Zeilen zu konzentrieren. So heißt es im *Risorgimento* :

> „ Meco ritorna a vivere
> La piaggia , il bosco , il monte;
> Parla al mio core il Fonte ,
> Meco favella il mar.

In dem oben zitierten Gedicht „*An Sylvia*" nennt er sie „seine so sehr beklagte Hoffnung", „ mia" . lacrimata speme ." In der *Ricordanze* nennt er Nerina „seinen ewigen Seufzer". Zahlreiche weitere Beispiele könnten angeführt werden. Nehmen wir zum Beispiel die schöne Passage im *Canto Notturno,* wo der Hirte den Mond apostrophiert:

> „ Pur tu , solinga , eterna peregrina,
> Che si pensosa sei, tu forse beabsichtigt ,
> Questo Leben terreno ,
> Il patir nostro, il sospirar , che sia ;
> Che sia Dies morir , questo supremo
> Scolorar del sembiante ,

E perir Della terra, e venir Meno
Ad ogni usata , amante Kompagnie .

Sein Pathos und seine Zärtlichkeit, ausgedrückt in einer Sprache von vollkommenster Reinheit und Süße und geschmückt mit den Regenbogenfarben seiner lebhaften Fantasie, erzeugen eine Wirkung, die poetischer ist, als Worte beschreiben können. Ich kenne keinen Lyriker, der den Geist seines Lesers stärker in seinen Bann zieht. Andere, wie Horace und Alfred de Musset, mögen unterhaltsamer sein, andere wiederum, wie Keats und Shelley, mögen uns mit luftigeren und brillanteren Höhenflügen erfreuen, aber Leopardi führt uns an den Rand der Abgründe und zeigt uns deren unergründliche Tiefe .

Er schreibt immer aus seinem Herzen, eine seltene Eigenschaft, denn wir finden vielleicht zwanzig Dichter, die aus dem Kopf schreiben, für einen, der aus dem Herzen schreibt. Er wagt sich nie an eine Aufgabe, für die er nicht geeignet ist. Seine Fähigkeit, in Versen zu argumentieren, ist sehr groß, aber seine Argumentation wird niemals unpoetisch, niemals trocken und didaktisch. Wenn seine Werke einen Fehler haben, dann ist es, dass die Gedichte hin und wieder dazu neigen, gegen Ende abzufallen, und in seinen späteren Werken gibt es eine gewisse Stilschwäche, die wahrscheinlich auf einen schlechten Gesundheitszustand zurückzuführen ist. Er ist ein großer Meister der leeren Verse, und nur in einem der Gedichte in diesem Versmaß , dem *Palinodia* , wird er schwerfällig und weitschweifig. Manchmal, wenn er von keinem großen Gedanken getragen wird, verkommt seine extreme Einfachheit zur Armut. Nur sehr wenige Dichter konnten es wagen, so einfach zu sein wie Leopardi.

Seine Werke haben den Eindruck, dass sie beim Leser wachsen. Die zweite Lektüre gefällt mehr als die erste, und je mehr man sie liest, desto mehr bewundert man sie. In der Menge seiner Verse wird er von vielen Schriftstellern übertroffen; aber in der Qualität durch nichts.

Seine Prosawerke sind ebenso wie seine Gedichte zahlreich und von geringem Umfang. Sie umfassen Dialoge (eine Form, die ihm sehr gefiel), einige Essays und über hundert losgelöste fragmentarische Gedanken. Sie machen zwar nur einen kleinen Band von äußerst unscheinbarem Umfang aus, aber die Schönheit des Denkens und Stils ist so groß, dass viele Kritiker sie als die vollkommenste Produktion italienischer Prosa gepriesen haben. Sie alle bringen seinen Pessimismus und seine Melancholie zum Ausdruck, aber mit so viel Kunst und Vielfalt, dass sie uns zwar vom Elend der Welt überzeugen, uns aber auch mit ihrer Schönheit verzaubern. Leopardi hat die großen Prosaautoren des 14. Jahrhunderts eingehend studiert, und ihm allein gelingt es, die Frische und Harmonie ihres Stils perfekt wiederzugeben. Manche Passagen sind so großartig, dass sie geradezu danach schreien, in

Verse gebracht zu werden. In seiner Prosa finden wir weniger von seinem Herzen (dieses wundervolle Herz, das die ganze Welt in seiner Sympathie umarmte) und mehr von der Lebhaftigkeit seiner Fantasie als in seinen Versen.

Seine *Operette Morali*, wie seine Prosawerke nicht den passenden Titel trugen, wurde nicht so herzlich empfangen, wie es ihre außergewöhnliche Schönheit hätte erfordern sollen. In seiner Jugend wurde er für seine mühsame Gelehrsamkeit bis in den Himmel gepriesen, aber als er der Öffentlichkeit Werke von wirklicher Originalität und Wert anbot, sowohl in der Prosa als auch in den Versen, wurde seine Begabung nur sehr allmählich gewürdigt. Dies lässt sich teilweise damit erklären, dass eine große Welle des Utilitarismus über das Land ging, eine Tendenz, gegen die er sich in einem Brief aus Florenz aus dem Jahr 1828 an Giordani wendet . „Ich bin der Hochmütigen überdrüssig", sagt er Verachtung, die man hier dem Schönen und der Literatur entgegenbringt, zumal ich nicht glaube, dass der Gipfel der menschlichen Weisheit in der Kenntnis von Politik und Statistik liegt, sondern im Gegenteil, wenn ich philosophisch die völlige Nutzlosigkeit der Bemühungen betrachte Perfektion der Regierungen und Glück der Nationen, sogar von den Tagen Solons bis zu unseren Tagen, kann ich mir ein Lächeln über diese Manie für politische und gesetzgeberische Pläne und Berechnungen nicht verkneifen, und ich frage demütig, wie das Glück der Nationen ohne das Glück des Einzelnen erreicht werden kann „Wir sind von der Natur zum Unglück verurteilt und nicht von unseren Mitgeschöpfen oder vom Schicksal; und um uns über dieses unvermeidliche Unglück zu trösten, gibt es meiner Meinung nach nichts Besseres als das Studium des Schönen, die Kultivierung unserer Zuneigungen , die Flucht von ..." Fantasie und die Freuden unserer Illusionen. Deshalb bin ich der Meinung, dass alles, was dem Geist gefällt, nützlicher ist als die gewöhnlichen Dinge des Gebrauchs, und dass Literatur wirklich nützlicher ist als all diese trockenen Themen, die, selbst wenn sie ihren Zweck erfüllten, dem wahren Glück der Menschen wenig nützen würden sind Individuen und keine Massen; aber wann erfüllen sie wirklich ihre Ziele? . . . . . Ich bin der Meinung (und das ist kein Zufall), dass die menschliche Gesellschaft über angeborene und notwendige Prinzipien der Unvollkommenheit verfügt und dass ihr Zustand mehr oder weniger schlecht, aber niemals perfekt sein kann. In jeder Hinsicht erscheint es mir als eine echte Verletzung der Menschheit, den Menschen das vorzuenthalten, was für den Geist am angenehmsten ist.

Diese Worte dürfen heute genauso beherzigt werden wie zu der Zeit, als sie geschrieben wurden. Es gibt viel zu viele Menschen, die bereit sind, das Streben nach Kunst und Poesie abzulehnen, und es wäre gut, ihnen mit diesen Argumenten eines der mächtigsten und originellsten Intellektuellen zu antworten, die die Menschheit jemals hervorgebracht hat.

KAPITEL XX.

MANZONI.

ALESSANDRO MANZONI, der beliebteste Schriftsteller der ersten Hälfte des 19. Jahrhunderts, wurde am 7. März 1785 in Mailand geboren. Seine Mutter war die Tochter von Beccaria, deren philanthropische Bemühungen zur Abschaffung der schlimmsten Missbräuche des Strafverfahrens Anerkennung fanden in einem vorherigen Kapitel. Er erhielt seine Ausbildung bei den Vätern des Somaschi- Ordens und begleitete 1805 seine Mutter nach Paris. Dort hatte er den Vorteil, mit der brillantesten und intellektuellsten Gesellschaft zusammenzuarbeiten, die Frankreich hervorbringen konnte. Zu dieser Zeit scheint er sich zum ersten Mal mit dem Verfassen versucht zu haben, und ein Gedicht, das er anlässlich des Todes eines Freundes schrieb, erhielt genügend Lob, um ihn zu weiteren Bemühungen zu ermutigen.

1808 kehrte er nach Italien zurück und heiratete Mademoiselle Blondel, die Tochter eines Genfer Bankiers.

Sie war Protestantin, trat aber bald der Kirche von Rom bei und erfüllte ihren Mann, der bis dahin der Religion gegenüber gleichgültig gewesen war, schon bald mit der Leidenschaft , die ihre Seele belebte. Wie in Paris genoss er auch in Mailand die Gesellschaft von Persönlichkeiten, die sich durch ihre intellektuellen Fähigkeiten auszeichneten, und er war ein häufiger Besucher in Montis Haus. Silvio Pellico und Tommaso Grossi gehörten zu seinen Freunden, und Luigi Tosi, der spätere Bischof von Pavia, tat viel dazu, ihn in der glühenden Frömmigkeit seiner Frau zu stärken. Winter und Frühling verbrachte er in Mailand, Sommer und Herbst in seiner wunderschönen Villa in Brusiglio , vier Meilen außerhalb der Stadt.

Im Jahr 1812 begann er mit dem Schreiben seiner Heiligen Hymnen, und auch wenn sie nicht über eine temperamentvolle, wenn auch etwas konventionelle Frömmigkeit hinausgehen, stellen sie doch einen enormen Fortschritt gegenüber den mythologischen Plattitüden dar, die so lange den Grundbestandteil der italienischen Poesie bildeten.

1819 beendete er seine Tragödie *Il Conte di Carmagnola*, die ihn mehr als drei Jahre lang beschäftigt hatte. Manzoni gab die Fesseln der Einheit von Zeit und Ort, an denen Alfieri strikt festhielt, völlig auf; sein Stück hat folglich viel von der Bildhaftigkeit und Vielfalt von Shakespeare und den Elisabethanern; und es zeichnet sich durch die Gründlichkeit des historischen Studiums aus, die alles, was er schrieb, kennzeichnete; aber andererseits muss man zugeben, dass er nicht annähernd so stark vom echten Geist der Tragödie inspiriert ist wie Alfieri und auch nicht die bemerkenswerte Gabe seines Vorgängers besitzt, klangvolle und beeindruckende leere Verse zu schreiben. Seine Verse sind klar und fließend, aber es fehlt ihnen an Farbe . Seine Figuren sagen, was sie sagen sollten, aber sie sagen es nicht auf eindrucksvolle Weise. Noch mehr als wegen seiner Verdienste als Theaterstück verdient es eine Lektüre wegen des genauen Bildes, das es vom Venedig des 15. Jahrhunderts vermittelt.

Im Jahr 1820 schrieb er die temperamentvollsten Verse, die er je geschrieben hatte: *Il Quinto Maggio,* ein Gedicht über den Tod Napoleons, voller Feuer und Originalität.

1822 veröffentlichte er seine Tragödie *Adelchi* . So wie *Carmagnola* ein Bild von der Oligarchie Venedigs vermittelt, so vermittelt uns *Adelchi* ein Bild von der Herrschaft der Langobardenkönige. Es ist mit der gleichen Sorgfalt geschrieben wie sein Vorgänger, aber mit mehr Feuer und Energie. Aber auch hier ist er weit davon entfernt, Alfieris Meisterschaft im Umgang mit leeren Versen zur Schau zu stellen. Dieser Tragödie ist ein langer und wertvoller Aufsatz über die Langobarden in Italien beigefügt.

Manzoni dachte über eine dritte Tragödie nach. Es sollte sich um das Thema „Spartacus" handeln, es wurde jedoch nicht mehr als ein Einleitungschor geschrieben.

Diese Werke verschafften dem Dichter hohes Ansehen, ein Ansehen, das sogar europäisch wurde, als er 1826 seinen berühmten historischen Roman „ *I Promessi" veröffentlichte Sposi – Die Verlobte*. Kein Prosawerk in italienischer Sprache wurde im Ausland mit größerer Begeisterung aufgenommen als dieses. Übersetzungen erschienen in allen europäischen Sprachen; Es war eine Auflage nach der anderen erforderlich, sowohl des Originals als auch der Wiedergaben. In den Tageszeitungen wimmelte es von lobenden Mitteilungen; Der Autor wurde mit Zeichen der Wertschätzung und Bewunderung überhäuft, und seine Landsleute begrüßten ihn mit Entzücken als italienischen Schotten.

Sein Ruf erreichte 1830 seinen Höhepunkt. Doch wenn seine Bewunderer erwarteten, dass er die Fruchtbarkeit seines kaledonischen Vorbilds zur Schau stellen würde, waren sie zur Enttäuschung verdammt. Er war bekannt als Autor zweier großartiger Tragödien, eines der brillantesten Texte aller Sprachen und des erfolgreichsten Romans, den Italien je hervorgebracht hatte. Er war reich und bequem, zwei starke Anreize zur Trägheit. Er hatte einen so großen Ruhm erlangt, dass es unmöglich war, ihn zu vergrößern; Welche Notwendigkeit bestand für ihn, zu arbeiten und sich abzumühen, um Werke zu schaffen, die auf keinen Fall an den wunderbaren Erfolg ihrer Vorgänger herankommen konnten? Dementsprechend stellen wir fest, dass

Manzoni erst kurz nach dem Erscheinen der *Promessi schrieb Sposi* , und das Wenige ist nicht von großer Bedeutung. In seiner *Storia della Colonna Infame* protestiert er wie ein echter Nachkomme Beccarias gegen die Schrecken der Folter; In seiner *Morale Cottolica beweist er* eine beachtliche Beobachtungsgabe und Argumentationsfähigkeit.

Er hatte zahlreiche Kinder, aber viele von ihnen starben vor ihm. Seine älteste Tochter heiratete Massimo d'Azeglio .

Nach den italienischen Siegen von 1859 wurde er zum Mitglied des in Turin versammelten Senats gewählt, nahm aber wahrscheinlich aus Altersgründen nur zweimal an dessen Debatten teil. Ihm wurden hohe Würden und die Medaillen vieler Orden verliehen ; aber er lehnte sie alle ab und lebte in einfacher Zurückgezogenheit, die sich durch seinen Ruf und die Wertschätzung, die seinem liebenswürdigen und wohlwollenden Charakter entgegengebracht wurde, hinreichend auszeichnete. Er starb am 22. Mai 1873 und Milan begleitete ihren Dichter mit prächtigen Trauerfeiern zu Grabe.

Wenn wir uns vom Mann zu seinen Werken wenden, finden wir, dass sowohl seine Prosa als auch seine Poesie von einem edlen Geist der Ruhe geprägt sind. Es gibt nichts Stürmisches oder Zorniges in seinen Schriften, denn es gab nichts, was seinen Geist beunruhigen oder verbittern könnte. Er ähnelt Goethe in der wolkenlosen Gelassenheit seines Intellekts, obwohl er ihm in den selteneren Eigenschaften des Genies möglicherweise nicht gleichkommt. Wahrscheinlich war es genau diese Ruhe, die seinem Erfolg als Dramatiker entgegenstand, denn wenn sie nicht ein so getreues Bild einer historischen Epoche zeichnen würden, hätten seine beiden Tragödien kaum die Aufmerksamkeit verdient, die ihnen zuteil wurde.

Dieser glückliche Seelenfrieden ermöglichte es ihm, das, was er beobachtete und sich vorstellte, sehr deutlich wiederzugeben. Es ist daher kein Grund zur Verwunderung, dass er der Welt ein Meisterwerk geschenkt hat, als er die Kräfte seines Geistes der Produktion eines historischen Romans widmete. Die Geschichte ist interessant. Mit atemloser Aufmerksamkeit verfolgen wir die Wechselfälle der Liebenden. Das Thema passt gut zu den Fähigkeiten des Autors. Er schreibt über Orte, in denen er lebte, und über Zeiten, deren Geschichte er eingehend studiert hatte. Die Beschreibungen sind immer lebendig und genau, und die Kunstfertigkeit, mit der er große Ereignisse zusammenfasst, kann nicht genug gelobt werden. Nichts könnte schöner sein als die Beschreibung der Mailänder Pest und der Volksunruhen. Auch in der Darstellung seines Charakters ist er nicht weniger bewundernswert. Das Porträt des Mönchs allein würde ausreichen, um seine Meisterschaft auf diesem Gebiet zu zeigen. Der Stil hat seine Schönheiten, aber selbst in diesem erfolgreichsten Werk des 19. Jahrhunderts bemerken wir die gleichen Besonderheiten wie in seinen Dramen; Die Charaktere sagen, was sie sagen sollen, aber sie sagen es nicht immer auf treffende Weise. So wenig er Leopardi ähnelte, ähnelte er ihm in einer gewissen Gleichgültigkeit gegenüber Ornamenten, die manchmal in Armut ausartet.

Beim Lesen von Manzonis Werken wird uns bewusst, wie sehr die romantische Bewegung der Literatur zugute kam. Prosa und Poesie werden mit neuem Leben erfüllt; Neue Gedanken entstehen im Kopf des Autors, und die erbärmlichen Konventionalitäten der Ausdrucksweise werden für immer beseitigt .

Vor allem aber das *Promessi Sposi* mag sein, dass man Manzoni als Dichter nicht besonders loben kann. Mit Ausnahme des großartigen *Cinque Maggio* glühen seine Texte nicht vor lebhaftem Feuer, noch verfolgen sie den Leser mit ihrer Melodie. Die äußerst angenehmen Lebensumstände des Dichters verhinderten, dass er von Leidenschaft zerrissen und von Verzweiflung gequält wurde. Sein Genie hatte nichts Wildes oder Ungestümes an sich, das ihn zu leidenschaftlichen Liedern anspornen könnte . Er hatte auch nicht die Fröhlichkeit geselliger Verse oder die Schärfe satirischer Verse. Daher ist es nicht verwunderlich, dass er uns in der Lyrik nichts hinterlassen hat, was seiner Berühmtheit würdig wäre, mit Ausnahme des Gedichts über den Tod Napoleons.

Seine Verskunst ist nicht besonders bemerkenswert. Ihm fehlen die zarten Kadenzen eines wirklich großen Dichters. Sein leerer Vers neigt dazu, flach zu werden. Seine Reime sind kräftiger, aber das Metrum ist zwar effektiv, aber nicht mit der vollendeten Kunstfertigkeit moduliert und variiert, die allein ein kultiviertes Ohr zufrieden stellen kann. Aber alle seine Gedichte sind die Ausstrahlung eines wahrhaft edlen Geistes, und wenn wir die Seiten von Manzoni, sei es in seiner Prosa oder in seinen Versen, nach erhabenen Gedanken und erhebendem Einfluss durchsuchen, können wir mit Sicherheit sagen, dass wir nie umsonst suchen.

KAPITEL XXI.

SILVIO PELLICO.

Ein Werk, das an Beliebtheit den *Promessi kaum nachsteht Sposi* war *Le Mie Prigioni,* ein Bericht über alles, was er in österreichischen Gefängnissen erlitten hatte, von SILVIO PELLICO.

Der Autor dieses berühmten Buches wurde 1788 in Saluzzo im Piemont geboren. Er verbrachte seine Jugend in Frankreich, kehrte aber kurz nach seiner Volljährigkeit nach Italien zurück und ließ sich in Mailand nieder. Er verdiente seinen Lebensunterhalt eine Zeit lang als Tutor und dann als Journalist. Er schrieb mehrere Tragödien, die beste davon ist *Francesca da Rimini* und eine temperamentvolle Übersetzung von Byrons *Manfred.*

Zusammen mit einigen Freunden veröffentlichte er eine Schrift, *Il Conciliatore*. Einige Artikel erregten den Unmut der österreichischen Regierung und das Erscheinen der Zeitung wurde verboten. Die Unruhen im Piemont im Jahr 1820 weckten die Befürchtungen der Behörden, und er wurde mit einigen seiner Begleiter verhaftet und nach Venedig gebracht, wo er zunächst im „Piombi" im Dogenpalast und dann im Gefängnis eingesperrt wurde die Insel San Michele. Er und seine Verbündeten wurden zum Tode verurteilt, die Todesstrafe wurde jedoch in fünfzehn Jahre Festungshaft für Pellico und zwanzig Jahre für seinen Freund Maroncelli umgewandelt. Beide Opfer wurden 1822 auf den Spielberg bei Brunn in Mähren gebracht und in unterirdischen Kerkern eingesperrt. Sie wurden mit größter Sorgfalt behandelt. An ihren Gliedmaßen waren schwere Handschellen befestigt; Für sie war nur grobe und dürftige Kost vorgesehen. Pellicos Gesundheitszustand war nie gut und er brach unter solch strenger Behandlung völlig zusammen. Er wurde gefährlich krank und es wurde eine gewisse Entspannung vorgenommen, um sein Leben zu retten. Doch kaum war er auf dem Weg der Genesung, als die früheren Leiden wieder auflebten und sich sogar verschlimmerten. Es war ihm nicht mehr erlaubt, seine elende Gefangenschaft mit Lesen und Schreiben zu verschönern, und alles, was er tun konnte, war, in seinem elenden Kerker über seinen Kummer zu grübeln und sich zu fragen, ob er bis zum Tag seiner Freilassung leben würde. Sein verwundeter Geist flüchtete in den Trost einer etwas mystischen Frömmigkeit. In späteren Jahren geriet die Forderung nach einem vereinten Italien zwischen den Patrioten und dem Papsttum in Konflikt, dessen Festhalten am weltlichen Machtanspruch des Papstes unnachgiebig aufrechterhalten wurde, und der Zusammenstoß führte zu erbitterter Feindseligkeit gegenüber dem Christentum. Aber zumindest in den ersten vierzig Jahren des Jahrhunderts war fast jeder Patriot ein glühender Katholik, dessen religiöser Enthusiasmus durch die romantische Bewegung mit der damit einhergehenden Liebe und Verehrung für das Mittelalter gefördert wurde. Pellico war nachdrücklich die Inkarnation dieses Typs von Patrioten. Er blickte mit Entsetzen auf jedes freie Denken, und Zweifel an den Grundsätzen seiner Kirche schienen ihm nie in den Sinn gekommen zu sein. Seine grausame Gefangenschaft ließ ihn noch stärker an den Versprechen der Kirche an ihre Gläubigen festhalten, und nach seiner Befreiung blieb seine Geisteshaltung dieselbe.

Diese Befreiung kam früher als erwartet. Pellico und sein Freund Maroncelli wurden am 1. August 1830 freigelassen.

Graf Pralormo , Gesandter des Turiner Hofes in Wien, trat häufig für den unglücklichen Dichter ein, und es war wahrscheinlich zu einem großen Teil ihm zu verdanken, dass Pellico so bald freigelassen wurde. Die Julirevolution brach genau an dem Tag aus, an dem Kaiser Franziskus den Freilassungsbefehl unterzeichnete. Es galt für die Gefangenen als glücklicher Umstand, dass der Befehl unterzeichnet worden war, bevor der Kaiser von diesem Ereignis erfahren hatte, sonst wäre er möglicherweise nicht so geneigt gewesen, Gnade zu gewähren.

Die Gefangenen wurden unter Eskorte nach Wien gebracht, aber Silvio war in einem so schlechten Gesundheitszustand, dass die Strapazen der Reise ihn auf ein Krankenbett warfen. Er erzählt uns, dass er nach seiner Genesung an Fahrten und Exkursionen teilnahm und eines Tages, als er und Maroncelli im Park von Schönbrunn spazieren gingen , die Annäherung des Kaisers angekündigt wurde und ihm und seinem Begleiter befohlen wurde, zur Seite zu gehen, damit er nicht zu Schaden kam Der Anblick ihrer blassen und abgemagerten Gesichter sollte die Majestät deprimieren.

Als Pellico nach Italien zurückkehren durfte, flüchtete er mit seiner Schwester nach Turin. Er vergnügte sich mit dem Schreiben von *Le Mie Prigioni* und zahlreichen Tragödien und Gedichten; aber seine Gesundheit war durch die Strapazen, die er erduldet hatte, völlig ruiniert, und er litt unter großem Leid. Er starb 1854 unverheiratet.

Warum Silvio Pellico von der österreichischen Regierung mit solcher Strenge und Grausamkeit behandelt wurde, ist unerklärlich, denn er war das genaue Gegenteil eines gefährlichen und turbulenten Geistes. Selbst seine Gefangenschaft versetzte ihn nicht in Raserei, und *„Le Mie Prigioni"* ist weniger ein Ausbruch des Zorns als vielmehr eine Chronik all der Tränen, die er vergoss. Tatsächlich wäre es für seinen Ruhm als Autor besser gewesen, wenn er etwas von der grausamen Empörung gehabt hätte, die das Herz von Swift verschlang. Seine Werke sind zärtlich und nachdenklich, aber es fehlt ihnen leider an Feuer. Er gibt uns milde Elegien, wenn wir leidenschaftliche Beschimpfungen erwarten.

Es war schwer, so viel zu leiden, aber wenn er weniger gelitten hätte, würde man sich heute unter den Autoren seines Landes nicht an ihn erinnern. Er wäre immer ein reiner und edler Geist gewesen, aber sein Stern hätte nicht so hell geleuchtet, dass er von der Galaxie um ihn herum unterschieden werden konnte.

„Nachdem ich zwölf Tragödien geschrieben hatte", erzählt er uns, „von denen allein acht veröffentlicht wurden, hörte ich auf, für die Bühne zu schreiben, da ich das Gefühl hatte, dass ich nicht über ausreichende Ressourcen verfügte, um eine große Vielfalt an Charakteren darzustellen. In meinem In meiner Jugend hatte ich die wilde Hoffnung, mit der Zeit einen Platz in der Nähe von Alfieri einnehmen zu können, aber mit den Jahren erwachte ich trotz des Applauses, der mir zuteil wurde, aus dieser Illusion. Jetzt habe ich nur noch Freude an lyrischer und erzählender Poesie, in Ich gebe zu, dass ich keine große Höhe erreiche; aber diese Zweige der Poesie üben eine starke Anziehungskraft auf mich aus; ich liebe es, sie zu Instrumenten zu machen, um meine Gefühle und insbesondere meine religiösen Emotionen auszudrücken. Ich verspüre oft den Mangel daran sozusagen in Versen betend; und so bringe ich manchmal eine Ode, manchmal eine Elegie hervor, in der ich Gott mein Herz ausschütte, und das reicht aus, um mir meine geistige Gelassenheit zurückzugeben. Ich möchte, dass Dichter größer werden als ich selbst, damit sie die Zahl der heiligen Kompositionen vermehren, die Liebe Gottes und der Tugend verbreiten und ihren Intellekt und den ihrer Mitgeschöpfe mit der heiligen Vereinigung edler Gedanken und glühender Religion erheben könnten. Wir haben ein paar solcher Dichter, aber ihre Zahl ist sehr begrenzt, und allzu oft widmen sich die göttlichsten Künste frivolen oder, was noch schlimmer ist, verabscheuungswürdigen Themen."

Diese Worte geben eine klare Vorstellung von dem Geist, in dem er schrieb, und es kann nicht geleugnet werden, dass er seiner edlen Vorstellung gerecht wird, auch wenn ein gewisser Mangel an Feuer ihn daran hindert, einen hohen Rang in der italienischen Literatur einzunehmen. Seine beiden besten Tragödien sind *Francesca da Rimini* und *Thomas Morus*. In beiden erreicht er beträchtliche Würde, und bei Alfieri ist nichts Besseres zu finden. Seine *Francesca* wurde von der gefeierten Schauspielerin Carlotta Marchionni mit glänzendem Erfolg inszeniert.

Seine lyrischen Gedichte sind ein Spiegel seiner zarten und nachdenklichen Seele, aber der fatale Mangel an Feuer ist deutlicher zu erkennen als in seinen Tragödien, die vom Interesse der Geschichte getragen werden.

Das mit Abstand wichtigste seiner Werke ist *Le Mie Prigioni*, die Aufzeichnung seiner ermüdenden Jahre grausamer Gefangenschaft. Das Buch hatte einen enormen Erfolg und wurde überall dort gelesen, wo die

Freiheit geliebt und Tyrannei verabscheut wurde. Kein literarisches Werk dieser Zeit war den italienischen Patrioten willkommener, weil es ihnen eine so überzeugende Rechtfertigung für den Aufstand gegen ihre Unterdrücker lieferte. Tatsächlich ist es ein Wunder, dass eine Nation wie die italienische das Joch ausländischer Eindringlinge so lange tragen konnte. Italien war nicht wie Polen ohne natürliche Grenzen, die als Barriere gegen die Aggression mächtiger Nachbarn dienen konnten . Sie ließ sich auch nicht wie Polen von internen Fraktionen und Zwietracht ablenken. Warum hat sie sich dann so lange unterworfen? Die einzige Antwort ist meiner Meinung nach, dass das System des Mittelalters, korrupte Condottieri und ihre Anhänger anzuheuern, um ihre Schlachten zu schlagen, die Italiener demoralisierte , bis sie ihre eigene Stärke nicht mehr erkannten . Als die Nation einmal beschloss, frei zu sein, war die Aufgabe nicht mehr so ungeheuer schwierig. Es war ein glücklicher Umstand für Italien, dass weder Spanien noch Österreich jemals versuchten, ihre eigenen Untertanen auf ihrem Boden anzusiedeln, wie es England in Irland tat und wie Russland es jetzt in Polen tut. Als die Stunde der Freiheit schlug, mussten die Italiener also nur feindliche Garnisonen überwinden, nicht aber eine sesshafte Bevölkerung entwurzeln.

Der Stil von Silvio Pellico ist überaus klar und direkt, und sein Werk erfreut sich daher großer Beliebtheit bei Ausländern, die mit dem Erlernen der Sprache beginnen. Er verfügt über ein beachtliches Beschreibungsvermögen und es gelingt ihm vortrefflich, die Farbgebung und die Atmosphäre der Szenen, die er erlebt hat, wiederzugeben. Er ist gelegentlich zu sentimental und die Tränen, die er vergießt, stehen in keinem Verhältnis zu der Stärke, die er an den Tag legt. Aber zu dieser Zeit ging eine große Welle der Sentimentalität über Italien hinweg, und vielleicht wollte man die Menschen nach der Künstlichkeit der Vergangenheit wieder zur Natur zurückführen.

Seine Wärter scheinen so freundlich zu ihm gewesen zu sein, wie sie es wagten; Aber die Regeln im Gefängnis waren furchtbar streng und wurden für Silvio und seine Verbündeten nicht gelockert, obwohl ihre Charaktere bekanntermaßen tadellos waren. Maroncelli musste sich wegen der Demütigung, die durch die Reibung seiner schweren Fesseln entstand, einer Beinamputation unterziehen, und Pellico selbst war aufgrund seiner übermäßigen Strapazen krank, so dass sein Leben eine Zeit lang in Gefahr war, und zwar in großer Gefahr Der Verlust für die Literatur wäre gewesen, wenn ihn ein tödliches Ende daran gehindert hätte, der Nachwelt die Aufzeichnungen einer grausamen Gefangenschaft und eines erhabenen und unbefleckten Patriotismus zu hinterlassen.

KAPITEL XXII.

DICHTER DES NEUNZEHNTEN JAHRHUNDERTS.

Der auffälligste, wenn auch nicht der bedeutendste italienische Dichter zu Beginn des 19. Jahrhunderts war VINCENZO MONTI . Die unerschöpfliche Geläufigkeit seiner Verse erregte allgemeine Aufmerksamkeit, und sogar Leopardi betete in seinem Heiligtum an. Aber er war nur ein Idol, keine Gottheit. Bald wurden die Füße aus Lehm sichtbar. Mit schamlosem Abfall wechselte er von einer politischen Partei zur anderen. Er begann seine Karriere damit, Pius VI. zu schmeicheln, setzte sie fort, indem er die französischen Invasoren verherrlichte, und beendete sie mit einer Unterwürfigkeit vor den österreichischen Tyrannen. Er schrieb Oden ohne Begeisterung und Tragödien ohne Würde und übersetzte Homer, ohne ausreichend Griechisch zu können, um das Original zu lesen. Für sein Porträt wurde ein Epigramm vorgeschlagen:

> „ Das ist Monti, Dichter und Kavalier ,
> großer Übersetzer dei Übersetzer d'Omero .

Es wäre jedoch ungerecht, zu leugnen, dass er über große Stilflexibilität und die volle Beherrschung aller Ressourcen der Sprache verfügte. Er ist immer elegant und fließend, und seine Werke, so wie sie sind, verstoßen niemals gegen die Grundsätze des guten Geschmacks. Das vielleicht erfreulichste seiner kürzeren Gedichte ist ein sehr schönes Sonett über das Porträt seiner Tochter.

Ein weitaus meisterhafterer und mutigerer Geist war UGO FOSCOLO. Sein Gedicht *I Sepolcri* erregte allgemeine Aufmerksamkeit, aber es kann kaum gesagt werden, dass das Versprechen dieses Gedichts von späteren Werken erfüllt wurde. Er hatte brillante Begabungen, aber er neigte dazu, sie mit gelehrten Kleinigkeiten zu vergeuden. Als Prosaschriftsteller übte er einen größeren Einfluss aus. Seine *Lettere di Jacopo Ortis* waren für Italien ungefähr das, was Goethes *Werther* für Deutschland war. Er war ein bewundernswerter Kritiker, und seine Aufsätze über Dante, Petrarca und Boccaccio sind auch heute noch wertvoll. Er flüchtete nach England und einige seiner besten Artikel wurden auf Englisch verfasst und anschließend in seine Muttersprache übersetzt. Er starb 1827 in Turnham Green bei London.

MELCHIORRE CESAROTTI übersetzte Macphersons *Ossian* und war ein starker Förderer der romantischen Bewegung.

IPPOLITO PINDEMONTE schrieb viele Gedichte, die sich durch sanfte Nachdenklichkeit auszeichneten, und übersetzte die *Odyssee* mit großem Erfolg.

GIOVANNI BERCHET aus Mailand trug mit seinen Versen maßgeblich dazu bei, das Feuer des Patriotismus zu entfachen, doch so kraftvoll und mitreißend sie auch sein mögen, verfügen sie kaum über genügend Finish und Zartheit, um als Kunstwerke gelten zu können.

GIUSEPPE GIUSTI war ein Satiriker von erstaunlicher Rassität und Originalität. Er griff die tyrannischen Regierungen seiner Zeit an und kannte weder Angst noch Diskretion. Wer sich eine Vorstellung davon machen kann, was Mr. Gilberts unerschöpfliche Kraft grotesker Verse bewirken würde, wenn er auf politische Satire ausgerichtet wäre, kann sich vielleicht vorstellen, was Giustis Gedichte sind. Er starb 1850 an Schwindsucht.

FELICE BELLOTTI aus Mailand leistete der Literatur seines Landes große Dienste durch seine großartige Übersetzung der *Lusias* von Camoens , der *Argonautica* von Apollonius Rhodius und der Tragödien von Aeschylos , Sophokles und Euripides.

GIAMBATTISTA NICOLINI war der Autor zahlreicher Tragödien, aber seine Neigungen waren sowohl politisch als auch poetisch, und seine Poesie leidet darunter.

JACOPO VITTORELLI war musikalisch und fließend in seinen Versen, und einige seiner besten Zeilen sind der Feder Metastasios würdig.

Die Gedichte von GIUSEPPE PUZZONE haben eine zarte Sentimentalität, die sowohl bewegend als auch erfreulich ist.

GIUSEPPE BORGHI übersetzte Pindar und schrieb eigene Gedichte mit beträchtlichem Feuer und Originalität.

LUIGI CARRER , ein Venezianer, hatte das Verdienst, in seinen Gedichten neue Ideenquellen zu erschließen, und er verfügt über viel Pathos und Sprachbeherrschung.

GABRIELE ROSSETTI , der Vater einer berühmten Familie, war in fast allem, was er schrieb, vom Patriotismus inspiriert. Einige seiner patriotischen Hymnen haben ein unnachahmliches Feuer und eine unnachahmliche Energie. Er flüchtete nach England, wo er 1854 starb.

Die Gedichte von ALEARDO ALEARDI zeichnet sich durch eine ausgeprägte Vorstellungskraft aus, seine Ausführungskraft ist jedoch nicht besonders ausgeprägt.

GIOSUE CARDUCCI nimmt unter den Dichtern des 19. Jahrhunderts einen sehr hohen Rang ein, aber seine Bemühungen, die Mythologie, deren die Welt völlig überdrüssig geworden war, wiederzubeleben, waren nicht sehr klug, obwohl sie in seinem Fall durch große Gelehrsamkeit und große Vorstellungskraft entschädigt wurden. Er versuchte, die Metren des Horaz ins Italienische einzuführen , aber das Ergebnis war nicht sehr musikalisch.

ENRICO PANZACCHI ist ein wahrer Dichter, und seine Bilder sind immer anmutig und geschmackvoll.

Das Gleiche gilt nicht für OLINDO GUERRINI , der unter dem Pseudonym LORENZO STECHETTI Gedichte veröffentlichte, die sich durch Frische und Melodie des Stils auszeichneten, aber leider auch durch Grobheit und Unanständigkeit. Er ist sehr erfolgreich in der Kunst, die Verse zum Singen zu bringen; Sie kommen wirklich aus dem Herzen des Dichters und gehen direkt ins Herz des Lesers.

Der Sizilianer RAPISARDI schuf einige schöne Werke, unter anderem ein langes Gedicht über die Leiden Hiobs. Es ist voller Fantasie, aber es wäre schwierig, sich ein unnötigeres Werk vorzustellen; Das Buch Hiob ist an sich so erhaben, dass jede Reproduktion, nicht eine wörtliche Übersetzung, entweder eine Verwässerung oder eine „Vergoldung mit raffiniertem Gold" darstellt.

GIOVANNI PRATI verfügte über großes Denkvermögen und echte Inspiration. Sein *Armando* ist ein sehr edles Werk, aber es mangelt etwas an geschickter Konstruktion, und in allem, was er schrieb, sind seine Schönheiten eher gehäuft als gekonnt zur Schau gestellt.

PIETRO COSSA schuf einige Tragödien, die denen von Alfieri sehr unähnlich waren, voller roher Farben und verblüffender Kontraste, wodurch er eine ungeheure Popularität erlangte, aber es ist zweifelhaft, ob sie den Test der Zeit bestehen werden.

ADA NEGRI aus Mailand hat einige Texte voller außergewöhnlichem Feuer und Brillanz veröffentlicht, und wenn sie so weitermacht, wie sie begonnen hat, kann sie nicht umhin, etwas Großartiges hervorzubringen.

Der ABBE ZANELLA hat Gedichte veröffentlicht, die viel Bewunderung fanden. Er soll der Lieblingsdichter Leos XIII. gewesen sein .

Madame RACHELE BOTTI BINDA hat zahlreiche Gedichte geschrieben, die sich durch Kraft und Originalität des Denkens auszeichnen ; Tatsächlich ist es erfreulich, bei fast allen in diesem Kapitel aufgezählten Dichtern festzustellen, dass die alte Gleichartigkeit und Konventionalität völlig verschwunden ist und dass Frische und Vielseitigkeit überall sichtbar sind. Dieser Umstand kann ein gutes Vorzeichen für die Zukunft sein und einer Literatur neues Leben einhauchen, die dringend frische Gedanken und einen unkonventionellen Stil brauchte. Wenn einige Schriftsteller unfein und andere unkünstlerisch waren, sind dies Fehler, die sofort erkennbar und leicht zu vermeiden sind, und angesichts des größeren Interesses und der größeren Wertschätzung, die die Öffentlichkeit in den letzten Jahren der Poesie entgegenbrachte, gibt es allen Grund, auf das nächste Jahrhundert zu hoffen wird Zeuge des Auftretens von Dichtern sein, die des Landes von Dante und Ariosto in keiner Weise unwürdig sind.

KAPITEL XXIII.

PROSASCHREIBER DES NEUNZEHNTEN JAHRHUNDERTS.

CESARE BALBO und CESARE CANTU herausragend . Sie waren beide unermüdlich fleißig und widmeten sich beide der Aufklärung der Geschichte ihres Heimatlandes. MANINS „*History of Venice*"ist aufgrund seiner Recherche und Detailgenauigkeit ohne ermüdende Weitschweifigkeit zu empfehlen.

TOMMASO GROSSI war mit seinem historischen Liebesroman „Marco Visconti" sehr erfolgreich , neigt jedoch dazu, sehr weinerlich und sentimental zu werden.

Die Stücke von Alberto Nota haben ihrem Autor beträchtliches Ansehen verschafft, doch sind sie für Komödien nicht ganz amüsant und für Dramen nicht ganz stark genug, so dass sie trotz ihrer Feinheit und Raffinesse in Vergessenheit geraten sind. Die italienische Bühne in diesem Jahrhundert hing zu sehr von französischen Importen ab, ebenso wie die durchschnittliche Belletristik der Zeit. Auch heute noch hat der ärmste Blödsinn der Boulevards bessere Chancen, Aufmerksamkeit zu erregen als die besten Werke einheimischer Autoren. In den letzten Jahren wurden extreme Zugeständnisse an den vulgären Realismus gemacht, aber es lässt sich nicht leugnen, dass der Realismus lebensechte Charaktere und genaue Beschreibungen hervorgebracht hat. Als Romanautorin war MATILDE SERAO BESONDERS ERFOLGREICH.

Aber der brillanteste Romanautor der Gegenwart ist zweifellos GABRIELE D'ANNUNZIO . Seine Gedichte sind gut durchdacht, wenn auch nicht besonders musikalisch in der Diktion, aber als Romanautor ist er der Erste. Er zeichnet sich durch Beschreibungen aus. Nirgendwo sonst findet man eine solche Wortmalerei, vielleicht mit Ausnahme der Reisebücher von EDMONDO DE AMICIS . TULLIO GIORDANA hat eine äußerst interessante Monographie über Gabriele d'Annunzio geschrieben *Trionfo della Morte* , aber die vielleicht besten Werke, die er bisher hervorgebracht hat, sind *Il Piacere* und *Giovanni Episcopo* . Mit der Themenwahl ist er nicht immer besonders glücklich; aber wenn er in dieser Hinsicht Diskretion walten lässt, lässt sich nicht sagen, zu welcher Höhe er in Zukunft nicht aufsteigen wird.

In Italien wie anderswo hat die extreme Popularität des Romans alle anderen Zweige der Literatur in den Schatten gestellt. Die verschiedenen Autoren und ihre Werke aufzuzählen, wäre so, als würde man den Sand am Meeresufer und die Sterne am Himmel zählen. Es genügt die Feststellung, dass überall Geschick und Einfallsreichtum zum Ausdruck kommen, und wenn einige Autoren wegen ihres Übermaßes an Realismus abstoßend werden, andere und die jüngsten haben, in Anlehnung an Gabriele d'Annunzio , ihren Realismus mit dem Gewand der Fantasie und Einbildungskraft überzogen und so ein glückliches Vorzeichen für die Zukunft gegeben.

KAPITEL XXIV.

ABSCHLUSS.

In dieser Geschichte der italienischen Literatur habe ich nach besten Kräften versucht , ihren Fortschritt und ihre Entwicklung nachzuzeichnen. Dass es Fortschritte gemacht hat, lässt sich meines Erachtens nicht leugnen. Die Poesie hat sich von der Konventionalität befreit. Die Prosa hat Werke hervorgebracht, die frühere Zeiten nicht einmal hätten erfinden können. Vergleichen Sie die großartigen Schöpfungen von Gabriele d'Annunzio mit den Geschichten von Bandello und der *Novelle* von MASACCIO . Der Fortschritt ist gewaltig. Es bleibt jedoch noch viel zu tun. Italien hat der Welt noch keinen so tiefgründigen Philosophen wie Kant oder Schopenhauer oder einen so großen tragischen Dichter wie Sophokles oder Shakespeare geschenkt. Es gibt immer noch Platz für einen italienischen Burns, für einen wirklich originellen und markanten Dialektdichter. Der Sizilianer GIOVANNI MELI kommt einem solchen Schriftsteller vielleicht am nächsten, tatsächlich ist er der aufrichtigste Dichter, den Sizilien je hervorgebracht hat. Es gibt allen Grund zu der Hoffnung, dass das freie und geeinte Italien der Gegenwart ebenso brillante Schriftsteller sehen wird wie das versklavte und geteilte Italien der Vergangenheit.

DAS ENDE.